기독교문서선교회(Christian Literature Center: 약칭 CLC)는 1941년 영국 콜체스터에서 켄 아담스에 의해 시작되었으며 국제 본부는 미국 필라델피아에 있습니다. 국제 CLC는 59개 나라에서 180개의 본부를 두고, 약 650여 명의 선교사들이 이동도서차량 40대를 이용하여 문서 보급에 힘쓰고 있으며 이메일 주문을 통해 130여 국으로 책을 공급하고 있습니다. 한국 CLC는 청교도적 복음주의 신학과 신앙서적을 출판하는 문서선교기관으로서, 한 영혼이라도 구원되길 소망하면서 주님이 오시는 그날까지 최선을 다할 것입니다.

추천사 1

김인허 박사
사우스웨스턴침례신학교 조직신학 교수
한국어 목회학 박사 프로그램 디렉터

인간답게 살려는 사람에게 "성찰하지 않는 삶은 살 가치가 없다"라는 말은 참으로 무겁게 다가옵니다. 이 말은 비록 소크라테스의 명언이지만, 우리 크리스천에게 더욱 철저하게 적용됩니다. 크리스천은 예수 그리스도를 주님으로 삼아 그분의 삶과 가르침을 따르고 지키기에 항상 성찰하는 삶을 살아야 합니다. 오히려 크리스천이기에 성찰없이 앞만 바라보고 살때 방향성을 너무 쉽게 상실하게 됩니다.

왜냐하면, 크리스천이 추구하는 삶은 그리스도 십자가의 삶이고 인간의 죄된 본성으로는 최선을 다해 거부하는 삶이기에 항상 성령께 조율하는 성찰이 없다면 불가능하기 때문입니다. 그래서 종종 진리를 따르는 크리스천이 많은 노력을 했는데도 너무 쉽게 넘어지고 왜곡되고 잘못된 방향으로 흐르는 것을 보게 됩니다.

조혁준 목사님의 책은 우리의 성찰을 엄중하게 요구합니다. 기독교는 지난 몇세기 동안 선교에 그토록 힘써 왔지만, 오히려 전체적인 관점에서 보면 대부분 다른 주요 종교는 그 세가 불어나는 반면 기독교는 급격히 쇠퇴하는 모습을 보이고 있습니다.

도대체 무엇이 문제였을까요?

우리의 선의와 노력과 헌신은 도대체 왜 결과를 가져 오지 못한 것일까요?

물론 세가 불어나고 줄어드는 것이 올바름의 절대적 기준은 아닐지라도 왜 우리의 복음이, 진리와 사랑의 정수인 예수 그리스도의 복음이 수용되지 않고 그렇게까지 거부되고 있는지 반드시 성찰해야 합니다.

조혁준 목사님의 책은 그 답의 단초를 『캐나다 원주민 선교; 어그러진 복음의 피해자들』에서 찾고 있습니다. 캐나다 원주민 선교 역사를 통해 참되신 그리스도의 복음이 지난 수세기 동안 진실된 성찰과 자기 반성없이 "어그러진 복음"이 되어 원주민들을 구원한 것이 아니라 오히려 그들을 왜 적의와 절망에 빠지게 했는지에 대해 역사적 사료와 사실에 기반하여 뼈아프게 보여 주고 있습니다. 이러한 "어그러진 복음"은 사실 미주 대륙 전체와 많은 선교지의 원주민에게 보이는 비극입니다.

많은 원주민은 복음을 못들어서가 아니라, 하나님을 가장 능력이 많은 신으로 인정했지만 기독교 국가들의 정복 전쟁과 일방적

조약 파기 그리고 아이들을 대상으로 자행된 기숙 학교의 강제 수용을 통한 문화 파괴 등으로 그분을 전쟁의 신이며 백인의 신이고 잔인한 신으로 경험하여 복음을 받아들이지 않는 현실을 이 책은 함께 아파하고 반성하자고 초청합니다.

"어그러진 복음"은 우리의 '불편한 진실'이고 '현주소'입니다. 그런 의미에서 이 책을 읽기가 매우 불편할 수 있지만, 반드시 읽어야 할 책입니다. 원주민들의 "어그러진 복음"에 의한 고통과 절망을 성찰하지 않는다면 "어그러진 복음"은 역사 속에서만 일어났던 일이 아니라 지금도 우리에 의해 그리고 앞으로 우리 자손들에 의해 지속되는 비극이 될 수 있기 때문입니다.

조 목사님의 책은 성찰과 반성에 그치지 않고 오랜 기간 원주민 선교를 위한 헌신과 경험과 학문적 통찰을 통해 원주민 선교를 위한 방안을 제시하고 있습니다. 이는 반성이라는 과거와 성찰이라는 현재에만 머무르지 않고 선교를 위한 미래로 나아가려는 노력이기도 합니다.

또한, 이 책은 반성과 성찰이 타인과 세상에 대한 열림과 사랑으로 나아가지 않는다면 참된 반성과 성찰이 될 수 없다는 것을 우리에게 말해 줍니다. 이런 의미에서 미주 원주민 선교에 관심 있는 분들은 물론 모든 크리스천에게 이 책을 추천합니다.

추천사 2

(故) 김 재 유 선교사
알버타사랑의군대

　먼저, 조혁준 선교사의 글을 읽고 같은 원주민 선교사로서 그의 노고에 깊이 감사드립니다. 이런 지침서가 진작에 있어야 했는데, 이제나마 조혁준 선교사를 통해 원주민 선교의 역사와 현실 그리고 문제점과 전략이 일목요연하게 정리되어 주옥같은 작품으로 만나게 되어 얼마나 기쁜지 모르겠습니다.
　부디 원주민 선교에 소명을 받고 첫발을 내딛으시는 분들은, 먼저 이 지침서를 통해 사역의 방향과 전략을 세워서, 건강한 사역의 청사진을 그려 나가는 소중한 기회가 될 수 있기를 권면 드립니다.
　또한, 원주민 선교 현장에서 고군분투하고 계시는 선교사님들은 물론 원주민 선교를 준비하고 있는 지역 교회 지도자들도 꼭 읽어 보셔서 교회의 선교 정책과 방향을 수립하는 길잡이로 삼으시기를 추천합니다. 감사합니다.

추천사 3

서 모 세 목사
쌔아웃원주민 교회 담임목사, 선교사

　지난 20-30여 년간 캐나다 원주민 선교에 관심을 가지고 참여하는 한인 선교사와 한인 교회는 해마다 늘어나고 있다. 참으로 고무적인 일이다. 이제 캐나다에 있는 대부분의 한인 교회가 원주민 선교에 대한 이야기를 들어보았고, 그 중 상당수의 교회가 원주민 선교에 참여하고 있다.

　그러나 원주민 선교에 참여하고자 하는 이들을 볼 때마다 감사하면서도 안타깝게 생각했던 것이 있다. 이들을 훈련할 때 사용할 수 있는 충실한 내용의 지침서가 없다는 것이었다. 그런데 이렇게 오랜 원주민 선교 현장의 경험과 연구를 통해 출판된 이 책을 보니 너무나 반갑고 감사하다.

　무엇보다도 저자가 직접 캐나다 원주민 선교 현장에서 오랫동안 사역하면서 고민하고, 기도하고, 아파하면서 연구하고, 체득한 이론과 실제의 결정체를 보는 듯하여 더욱 그렇다.

앞으로 열방을 품고 세계 선교에 헌신하기를 원하는 이들은 물론 캐나다 또는 북미의 원주민들에게 다가가 예수님의 사랑을 실천하고 생명의 복음을 전파하기를 원하는 이들에게 이 책은 참으로 훌륭한 지침서가 될 것으로 확신하기에, 필독서로 강력히 추천한다.

추천사 4

이 문 수 목사
원주민 의료선교사, 한의사

  조혁준 박사가 쓴 『캐나다 원주민 선교; 어그러진 복음의 피해자들』을 읽고 나서 느낀점은 무엇보다 그의 캐나다 원주민 선교에 대한 열정이며, 또한 원주민 선교에 대해 제시하는 비전이 학자적이며 역사적인 고찰과 더불어 현재의 사역을 통해 얻어진 균형 감각이 있는 문서라는 것이다.

  이 책은 특히 일그러진 방법으로 제시된 복음과 강요된 문화를 토대로 한 교육은 결실을 맺을 수 없을 뿐만 아니라, 상처만 남기는 결과를 초래할 수밖에 없다는 교훈을 깨닫게 한다.

  또한, 사랑과 섬김을 통한 복음을 제시하고, 기숙 학교와 같은 강요로 일관된 일그러진 교육을 통해 얻어진 교육은, 인격과 인권 그리고 문화를 존중하는 전인격적인 교육으로만 대대로 전해 내려오는 그들의 아픔을 치유할 수 있다는 방법론을 제시한 점에서 매우 뜻깊은 문서라고 할 수 있다.

캐나다 원주민 역사를 연구하고, 그들에게 복음의 창구를 열어 주려고 부단한 수고를 마다 하지 않는 선교사님들과 그 사역을 지원하려는 분들에게 좋은 지침서가 될 것을 확신하기에 이 책을 추천하고자 한다.

추천사 5

탁 지 일 박사
부산장신대학교 신학과 교수

　캐나다에서 신학 공부와 목회를 할 때, 토론토 인근 원주민 지역에서 만났던 할머니의 모습이 아직도 잊혀지지 않는다. 전혀 낯설지 않은 평범한 우리네 할머니의 모습 그대로였다. 깊게 새겨진 주름 사이로 보이는 밝은 미소는 유럽인들보다는 동양인에 가까운 외모를 가지고 있었다. 또한, 긴장감이나 경계심보다는 친근함이 느껴졌다. 그래서인지 적지 않은 캐나다 한인 교회들이 원주민 사역에 관심을 가지고 참여하거나 지원하고 있었다.
　하지만 캐나다 교회의 역사를 공부하면서 만난 원주민들의 어제와 오늘은 상상하기 힘들 정도로 잔인했다. 기숙 학교를 설치해 강제로 어린 자녀를 분리시켜 서양화하려던 식민주의자들의 만행과 이를 적극적으로 동조하고 협력한 교회의 범죄는 오늘날에도 상처로 남아 수시로 소환되고 있다.

가해자로 인식되는 캐나다 정부와 교회의 치유 노력으로 피해자인 원주민을 위한 사회적 안전장치 마련과 혜택의 확대도 주목받고 있지만, 보다 더욱 중요한 것은, 정신적인 자존감의 회복과 자립심의 증대이다. 이러한 원주민 문제를 비롯한 다인종, 다문화 등 캐나다 사회의 다양한 문제 해결을 위한 한인과 한인 교회의 역할이 적지 않다. 원주민들은 한인 이민 교회의 노력에 긍정적인 눈길을 보내고 있다.

조혁준 선교사의 『캐나다 원주민 선교; 어그러진 복음의 피해자들』은 캐나다 원주민의 문제를 역사적·사회적으로 접근한 후, 교회 선교의 필요성과 방법을 설득력 있게 제시하고 원주민들의 피해와 아픔, 회복을 위한 사회적 노력, 원주민들의 문화와 역사에 대한 고찰을 거쳐, 교회 선교에 대한 날카롭고 진정성 있는 제안을 하고 있다.

특히 한국 교회에 일반화된 단기 선교에 대한 문제 제기와 조언을 통해, 한인 교회가 감당해야할 원주민 선교의 중요성과 방안을 상세하게 제시하고 있다.

캐나다 브리티시컬럼비아주 밴쿠버섬 나나이모원주민교회(Nanaimo Native Victory Church)에서 목회와 선교 활동을 하고 있는 조혁준 목사의 저서 『캐나다 원주민 선교; 어그러진 복음의 피해자들』을 통해 교회는 지속 가능한 선교의 가능성을 구체화하고, 사회적 약자인 원주민 선교를 꿈꾸는 크리스천들에게 실현 가능하고 다양한 진로를 강구할 수 있는 계기를 마련하고 캐나다 교회 역사와 사회 문화에 대한 이해를 덤으로 얻게 한다.

저자 조혁준 선교사는 이렇게 결론지으며 예수 그리스도가 걸으셨던 복음 선포의 길로 우리를 초청하고 있다.

> 다음 세대를 향한 교육 사역은 캐나다 원주민 선교에 있어 가장 효과적일 뿐 아니라 어그러진 복음의 완전한 회복을 위한 유일한 방법이기에 원주민 기독교 학교야말로 캐나다 원주민 선교의 열쇠라고 필자는 결론을 내리게 되었다.
>
> 그리고 이렇게 원주민 기독교 학교를 통해 영성과 지성 그리고 원주민으로서의 바른 정체성을 고루 갖춘 젊은 원주민이 신학 교육과 대학 교육까지 이수해 각 원주민 마을의 중요한 위치에 오르고 나아가 원주민 교회의 지도자가 된다면 그때부터가 비로소 캐나다 원주민 선교의 진정한 부흥의 시작이 될 것이다.

캐나다 원주민 선교
어그러진 복음의 피해자들

An Outreach Guide for the Indigenous Peoples of Canada
Written by Joon Cho
All rights reserved.
Korean Edition Copyright ⓒ 2023 by Christian Literature Center, Seoul, Korea.

캐나다 원주민 선교

어그러진 복음의 피해자들

2023년 6월 30일 초판 발행

지은이	|	조혁준
편 집	|	추미현
디자인	|	박성숙 김효선
펴낸곳	|	(사)기독교문서선교회
등 록	|	제16-25호(1980. 1. 18.)
주 소	|	서울특별시 동대문구 천호대로71길 39
전 화	|	02-586-8761~3(본사) 031-942-8761(영업부)
팩 스	|	02-523-0131(본사) 031-942-8763(영업부)
이메일	|	clckor@gmail.com
홈페이지	|	www.clcbook.com
송금계좌	|	기업은행 073-000308-04-020 (사)기독교문서선교회
일련번호	|	2023-54

ISBN 978-89-341-2558-7(03230)

이 책의 출판권은 (사)기독교문서선교회가 소유합니다.
신저작권법에 의하여 한국 내에서 보호를 받는 저작물이므로 무단 전재와 무단 복제를 금합니다.

캐나다 원주민 선교

어그러진 복음의 피해자들

조혁준 지음

CLC

목차

추천사
　김인허 박사 | 사우스웨스턴침례신학교 조직신학 교수　　　　1
　　　　　　　한국어 목회학 박사 프로그램 디렉터
　(故)김재유 선교사 | 알버타사랑의군대　　　　　　　　　　　4
　서모세 목사 | 쎄아웃원주민교회 담임목사, 선교사　　　　　5
　이문수 목사 | 원주민 의료 선교사, 한의사　　　　　　　　　7
　탁지일 박사 | 부산장신대학교 신학과 교수　　　　　　　　　9

서론　"어그러진 복음"의 피해자들은 누구인가?　　　　　　20

제1부　캐나다 원주민　　　　　　　　　　　　　　　　　44

제1장　캐나다 원주민을 부르는 용어　　　　　　　　　　45

제2장　북미 원주민의 기원과 역사　　　　　　　　　　　50
　1. 북미 원주민의 기원　　　　　　　　　　　　　　　　　50
　2. 원주민 인구와 전염병　　　　　　　　　　　　　　　　51
　3. 든든한 영국의 동맹　　　　　　　　　　　　　　　　　54

제3장　캐나다 원주민의 문화　　　　　　　　　　　　　　58
　1. 구전 문화　　　　　　　　　　　　　　　　　　　　　　58
　2. 전통 스포츠　　　　　　　　　　　　　　　　　　　　　60
　3. 북미 원주민의 전통춤　　　　　　　　　　　　　　　　63
　4. 토템 폴 문화　　　　　　　　　　　　　　　　　　　　66
　5. 서부 원주민의 전통 의상　　　　　　　　　　　　　　　67

제4장　캐나다 원주민의 언어　　　　　　　　　　　70

제5장　캐나다 원주민의 종교　　　　　　　　　　　74

제1부를 마무리하며　　　　　　　　　　　　　　　77

제2부　캐나다 원주민 선교의 역사　　　　　　　78

제1장　17세기 원주민 선교의 시작　　　　　　　　79
　　　1. 리-컬랙트 선교사들의 무지한 열정　　　　79
　　　2. 예수회 선교사들의 겸손한 현지화　　　　81
　　　3. 17세기 원주민 선교를 통한 성찰　　　　　84

제2장　19세기 기숙 학교의 시대　　　　　　　　　86
　　　1. 기숙 학교 제도의 탄생 배경　　　　　　　87
　　　2. 기숙 학교 운영에 참여한 교회들　　　　　95
　　　3. 기숙 학교의 생활환경　　　　　　　　　　99
　　　4. 잃어버린 세대　　　　　　　　　　　　　103
　　　5. 19세기 원주민 선교를 통한 성찰　　　　　106

제3장　20세기 캐나다 오순절교단과 복음주의 선교사들의 약진　108
　　　1. 캐나다 오순절교단의 탄생과 원주민 선교에 대한 방침　108
　　　2. 원주민 선교의 시작과 부흥기　　　　　　110
　　　3. 복음주의 선교 단체의 탄생　　　　　　　118
　　　4. 20세기 원주민 선교를 통한 성찰　　　　　119

제4장 21세기 한인 교회의 선교 열정　　　　　　　　　122
　　　　1. 21세기 원주민 선교를 통한 성찰　　　　　　　126

제3부 교회와 원주민 선교　　　　　　　　　　　　　131

제1장 원주민 선교는 교회 성장의 동력이 될 수 있다　　132
　　　　1. 교회의 유익　　　　　　　　　　　　　　　132
　　　　2. 선교가 교회에 해가 될 때　　　　　　　　　134
　　　　3. 건강한 교회와 선교　　　　　　　　　　　135
　　　　4. 접근의 용이성이 주는 혜택　　　　　　　　136

제2장 단기 선교는 선교가 맞나?　　　　　　　　　　142
　　　　1. 단기 선교에 대한 논쟁　　　　　　　　　　142
　　　　2. 장기간의 헌신　　　　　　　　　　　　　145

제3장 단기 선교는 성장해야 한다　　　　　　　　　147
　　　　1. 단기 선교의 성장　　　　　　　　　　　　147
　　　　2. 진정한 선교는 한정될 수 없다　　　　　　　148
　　　　3. 원주민 어린이 사역　　　　　　　　　　　151
　　　　4. 원주민 청소년 사역　　　　　　　　　　　157

제4장 단기 선교 시 고려해야 할 사항들　　　　　　　160
　　　　1. 교회의 유익　　　　　　　　　　　　　　　160
　　　　2. 선교지의 유익　　　　　　　　　　　　　　161
　　　　3. 미래에 파송될 선교사를 위한 유익　　　　　166
　　　　4. 성도 개인의 유익　　　　　　　　　　　　167

제5장　원주민 선교지 가이드라인:
　　　　단기 선교를 떠나는 선교사와 교회의 자세　　　170

제4부　누구나 캐나다 원주민 선교사가 될 수 있다!　　　183

제1장　다채로운 원주민 선교　　　184
　　1. 원주민 선교 대상자가 원주민 보호 구역 안에 있는가?　188
　　2. 원주민 선교 대상자가 원주민 보호 구역 밖에 있는가?　211

제2장　여러분 모두가 선교사다!　　　223
　　1. 전문직 종사자가 되어 원주민 선교사 되기　　227
　　2. 공무원으로 원주민 선교사 되기　　229
　　2. 자영업자로서 원주민 선교사 되기　　233
　　3. 목회자로서 원주민 선교사 되기　　234

결론: 다음 세대가 소망이다　　　239

참고 문헌　　　248

서론

"어그러진 복음"의 피해자들은 누구인가?

1. 캐나다 내의 선교지

필자가 캐나다에서 원주민 선교를 하고 있다고 소개를 하면, 기독교 국가인 캐나다에도 선교가 필요하다는 것과 원주민이라는 선교 대상이 있다는 것에 대부분 놀라워한다. 하지만 캐나다에도 선교가 필요하며 크게 세 부류의 선교 대상 공동체가 있다.

첫째, 퀘벡주(Province of Quebec)에 거주하는 870만 명의 퀘벡인(Quebecois)이다. 이들 중 기독교인은 불과 1퍼센트밖에 되지 않는다.

둘째, 해외 각지에서 캐나다로 이주해 온 이민자들로서, 특별히 2015년도 이후에는 무려 6만 명에 가까운 시리아 난민, 즉 무슬림 인구가 유입되어 총 100만 명이 넘는 무슬림 이민자가 거주하고 있으며, 이와 비슷한 숫자의 힌두교과 불교도가 캐나다에 거주하고 있다.

셋째, 캐나다 원주민으로 캐나다 통계청의 기록에 따르면 캐나다 전역에는 1,673,785명의 원주민이 634개의 원주민 보호 구역에 나뉘어 살고 있다고 한다.[1]

2. 통계 자료로 보는 캐나다 원주민

캐나다 원주민은 1600년경에 유럽인들이 현재 캐나다 동부 지역으로 이주해 오기 수천 년 전부터 이 풍요로운 땅에 살고 있는 원래 주인이지만, 오늘날 캐나다에서 가장 영적으로 빈곤한 집단을 선택하라면 필자는 주저하지 않고 이 원주민들을 선택할 것이다.

통계 자료가 이들의 영적 빈곤을 바로 보여 주는데, 무엇보다 원주민의 자살률은 전국 평균 보다 무려 여섯 배나 높고, 특히 북극권에 사는 이누잇(Inuit)은 전국 평균과 비교하면 열한 배가 높다.[2] 이 수치가 의미하는 바는 캐나다 원주민의 자살률은 세계 최

---

1 Statics Canada, *National Indigenous Peoples Day... by the numbers*, https://www.statcan.gc.ca/eng/dai/smr08/2018/smr08_225_2018.
2 Giroux, R., et al.,*Mental health and suicide in Indigenous communities in Canada*, Centre for Suicide Prevention, https://www.suicideinfo.ca/resource/mental-health-and-suicide-in-indigenous-communities-in-canada/#:~:text=Despite%20representing%20a%20fraction%20of,11%20times%20the%20national%20average.

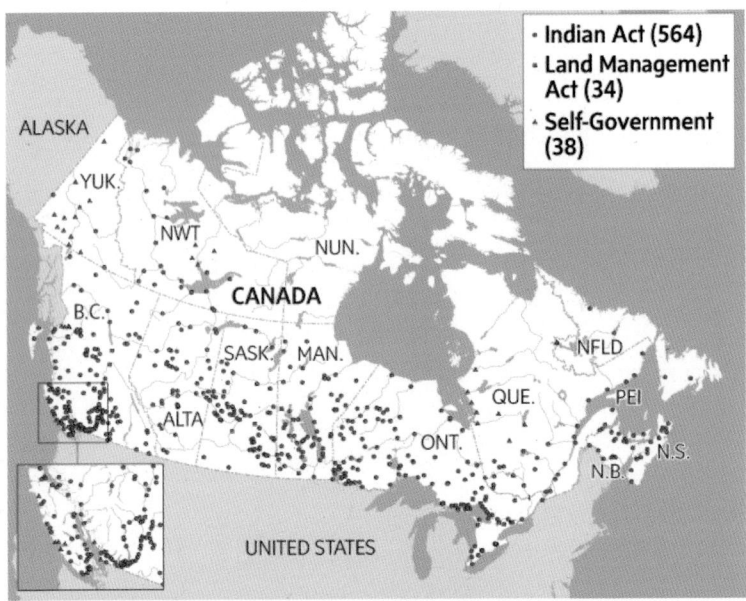

캐나다 원주민 보호 구역 위치 지도.
출처: https://www.theglobeandmail.com/news/politics/what-you-need-to-know-about-the-assembly-of-first-nations/article18856927/

고라는 것이다.[3] 또한, 마약류 과다 복용으로 인한 사망 역시 매우 심각한 문제로 2020년 한 해 동안 브리티시컬럼비아주에서만 254명의 원주민이 약물 과다 복용으로 사망했다.[4]

---

3   Greg Macdougall, Canada's Indigenous suicide crisis is worse than we thought, Canada's National Observer, Sept 10th 2019, https://www.nationalobserver.com/2019/09/10/analysis/canadas-indigenous-suicide-crisis-worse-we-thought#:~:text=For%20those%20unfamiliar%2C%20it%20puts,Inuit%20and%20451%2C795%20as%20M%C3%A9tis%20.

4   CBC News, *Racism a key factor in B.C.'s growing Indigenous overdose crisis, says health official*, https://www.cbc.ca/news/canada/british-columbia/first-nations-overdose-deaths-covid-19-1.6043644

2010년 2월 15일 밴쿠버 도심에서 시위 중인 원주민 노숙인.
출처: https://vancouversun.com/news/local-news/rate-of-homeless-aboriginals-hits-new-record-metro-vancouver-homeless-count

그런데 더 큰 문제는 이러한 자살자와 약물 과다 복용으로 인한 사망자의 숫자에 십 대 청소년들도 포함되었으며, 실제로 필자가 집례한 장례 중에서도 십 대 후반에 불과한 청소년이 약물 과다 복용으로 사망한 사례도 있었다.

그리고 다른 놀라운 사실은 캐나다 전체 인구의 5퍼센트도 되지 않는 원주민이 캐나다 전역에 있는 노숙인 인구의 절반을 차지한다는 것이다.[5]

5　Homeless hub, *Indigenous Peoples*, https://www.homelesshub.ca/solutions/priority-populations/indigenous-peoples.

서론 "어그러진 복음"의 피해자들은 누구인가?　23

게다가 원주민 사회에서 일반적인 성병과 관련한 전염률은 비원주민 집단과 비교해 무려 일곱 배나 빠르며, 특별히 에이즈와 같은 심각한 성병 감염 속도는 세 배나 높다고 한다.[6]

또한, 십 대 임신율은 전국 평균보다 열 배가 높은데, 더 큰 문제는 십 대 초반에 임신하는 경우가 많고 준비되지 않은 상태의 출산이다 보니 많은 경우 그들의 부모가 양육을 포기해 아이들이 입양을 가거나 할머니의 손에 자라나게 된다는 것이다.[7]

그나마 이 경우는 좋은 형편에 속한 것으로, 아이들이 친척 집에 맡겨지거나 아니면 이곳저곳을 떠도는 처지가 되는 경우도 종종 목격할 수 있다. 이 때문에 부모와 함께 사는 건강한 가정에서 성장하는 원주민 아이들은 흔치 않으며, 실제로 통계가 이러한 사실을 뒷받침하고 있다.[8]

이 밖에 마약이나 술 등에 의한 중독 문제는 원주민 사회에 워낙 만연한 일이라 심각한 문제라고 할 수 없을 정도이다.

---

[6] The Government of Canada, *The Chief Public Health Officer's Report on the State of Public Health in Canada 2013 – Sexually transmitted infections – A continued public health concern*, https://www.canada.ca/en/public-health/corporate/publications/chief-public-health-officer-reports-state-public-health-canada/chief-public-health-officer-report-on-state-public-health-canada-2013-infectious-disease-never-ending-threat/sexually-transmitted-infections-a-continued-public-health-concern.html.

[7] Statics Canada, *Women in Canada: A Gender-based Statistical Report*, https://www150.statcan.gc.ca/n1/pub/89-503-x/2010001/article/11442-eng.htm.

[8] Statics Canada, *Aboriginal Peoples: Fact Sheets*, https://www150.statcan.gc.ca/n1/pub/89-656-x/89-656-x2016011-eng.htm

실종과 죽임을 당한 원주민 여성들을 상징하는 빨간 드레스가 캐나다 전역에 걸려 있다.
출처:https://www.ctvnews.ca/canada/red-dresses-honour-canada-s-missing-murdered-aboriginal-women-1.2594856?cache=%3FclipId%3D104066

    이러한 원주민 사회에 또 다른 충격적인 소식이 알려지는데, 이는 1980년부터 2012년 사이에 공식적으로 확인된 것만 1천 2백 명에 가까운 원주민 여성이 실종되거나 살해당했다는 캐나다 연방 경찰(RCMP)이 발표한 비공식적인 집계에 따르면 그 숫자는 무려 4천여 명에 다다른다는 것이다.[9]

    또한, 캐나다 전역에서 벌어지는 인신매매 피해자의 절반 이상이 원주민 여성들인데 놀라운 사실은 이러한 원주민 여성의 실종에 대한 경찰의 무관심이 많은 피해자를 양산하게 된 원인 중 하

---

[9] John Paul Tasker, *Confusion reigns over number of missing, murdered indigenous women*, 「CBC News」, Feb 16, 2016, https://www.cbc.ca/news/politics/mmiw-4000-hajdu-1.3450237

서론 "어그러진 복음"의 피해자들은 누구인가?   25

나라는 것이다.¹⁰

이는 캐나다 원주민들이 얼마나 캐나다 주류 사회로부터 무관심과 외면의 대상이 되는지를 보여 주는 하나의 예라고 할 수 있으며, 캐나다 원주민 사회가 겪고 있는 또 다른 아픔이다.

이로 인해 2010년, 원주민들에 대한 무관심에 경각심을 주고자 실종되거나 살해당한 원주민 여성들을 상징하는 빨간 드레스가 캐나다 전역에 걸리기 시작해 이제는 어디서든 이러한 빨간 드레스를 쉽게 발견할 수 있다.

3. 원주민 사회가 처한 문제의 근본적 원인

이들이 처한 열악한 상황과 영적 빈곤의 이유를 쉽게 경제적인 이유로 단순화시키려는 시도도 있지만, 캐나다 공영 방송인 CBC 뉴스에 따르면 2018년도 원주민을 위한 예산이 캐나다 달러로 60억 불이 넘으며, 이외에도 여러 가지 프로젝트를 위한 예산이 추가되었다고 한다.¹¹

---

10 Tara Sutton, *Canada has lost its halo: we must confront our Indigenous genocide*, 「The Guardian」, Tue 29 Jun 2021, https://www.theguardian.com/global-development/commentisfree/2021/jun/29/canada-has-lost-its-halo-we-must-confront-our-indigenous-genocide

11 Jorge Barrera, *Budget boosts funding for First Nations self-government, Indigenous services*, 「CBC News」, https://www.cbc.ca/news/indigenous/federal-budget-2018-indigenous-file-1.4552955

이러한 엄청난 예산을 통해 실제로 필자가 사역하고 있는 원주민 부족 역시 자치 정부 기관인 밴드오피스(Band Office)에서 다수의 원주민 부족원에게 생활에 필요한 기본적인 의식주를 제공하고 있을 뿐만 아니라 원주민 보호 구역 안에 주유소나 식료품점 등을 세우고 인접한 도시 다운타운에 호텔을 설립해 직장도 제공하고 있다.

이와 같은 정부 차원에서 주어지는 재정적인 지원 이외에도 원주민들이 시와 주 그리고 연방 정부를 상대로 과거에 빼앗긴 땅이나 기숙 학교에서 자행된 학대 등과 연관된 많은 소송을 통해 때때로 보상을 받기도 한다.

필자가 사역하는 원주민 부족 같은 경우, 2017년도에 정부와 부족 간 소송이 하나 해결되어 캐나다 연방 정부에서 생후 6개월 이상 된 1천 7백 명이 넘는 모든 부족원 각자에게 3만 불을 나눠 줬는데 밴드오피스에서 개인들에게 1만 불만을 나눠 주고 나머지는 부족의 발전을 위해 아껴 두는 예도 있었다.

물론, 모든 부족원이 이런 혜택을 받는 것은 아니고 모든 부족의 상황이 이와 같지는 않다. 무엇보다 캐나다 연방 정부와 보건부 그리고 주택 공사 등에서 주어지는 예산은 각 원주민 자치 정부 기관인 밴드오피스에 전달되며, 밴드오피스는 이러한 예산을 이용해 밴드오피스 운영과 더불어 자기 부족에 속한 원주민들에게 제공하

태평양 연안의 외딴 플로레스섬(Flores Island) 어하우짓 원주민 마을에 위치한 막투시스(Maaqtusiis) 원주민 고등학교.
출처: https://www.flickr.com/photos/aandcanada/9570606530

는 의료 서비스와 주택 그리고 교육 등 모든 것을 책임진다.[12]

그러나 각 원주민 부족 지도자의 역량에 따라 차이가 있기에 아무리 연방 정부 차원에서 원주민을 위한 예산이 많다고 해도 밴드오피스를 통한 혜택이 모든 원주민에게 공평하게 돌아갈지는 미지수이다.

또한, 어떤 부족들과 원주민들은 아직도 캐나다 정부로부터 원주민으로 인정을 못 받는 경우도 있어, 한 세미나에서 필자가 밴드오피스의 예산과 지원에 대한 내용을 언급하자, 그곳에 참여했던 한 원주민은 그런 돈을 받아 본 적이 없다고 항의한 적도 있다.

---

[12] Indigenous Foundations, Bands, https://indigenousfoundations.arts.ubc.ca/bands/

이와 같은 이유로 캐나다에 있는 모든 원주민 부족과 원주민 개개인이 혜택을 잘 받고 있다고 일반화할 수 없지만, 혜택을 받는 이들조차도 오늘날 원주민 사회에 만연한 문제들을 피해 갈 수 없기에 필자가 여기서 주장하고자 하는 바는 재정적인 문제가 오늘날의 원주민의 삶을 황폐케 하는 근본적인 이유는 아니라는 것이다.

교육의 기회에 관해서도 마찬가지다. 고등 교육 비용은 정부나 기업 또는 학교 차원에서 원주민만을 위한 다양한 장학금이 준비되어있을 뿐만 아니라,[13] 대부분의 밴드오피스마다 부족원을 위한 교육 예산이 있어 대학 교육이나 직업 교육 같은 고등 교육에 학비를 지원하기에 본인의 의지만 있다면 얼마든지 고등 교육을 받을 수 있는 환경이다. 물론 그렇지 못한 사례도 있어 필자가 섬기는 교회의 성도가 직업 학교에 등록해야 하는데 밴드오피스에서 학비를 주지 않아 차별한다고 하소연한 적도 있다.

그러나 대부분 두메산골이나 외딴섬에 있는 원주민 보호 구역에도 최신식 시설의 학교들이 세워져 있으며, 몇몇 부족은 원주민 학생들에게 무료로 랩탑 컴퓨터나 아이패드 등을 제공하는 환경이며,[14] 정부에서 일년에 원주민 아이들에게 투자하는 평균 교육비가 캐나다 전역의 비원주민 학생들에게 투자되는 평균 비용

13　Government of Canada, *Indigenous Bursaries Search Tool*, https://www.sac-isc.gc.ca/eng/1351185180120/1351685455328
14　CBC, *Fisher River Cree Nation gives students free laptops and internet access for online learning*, https://www.cbc.ca/news/indigenous/fisher-river-laptop-online-learning-1.5807465.

보다 무려 1,878불이 더 많다는 통계 조사도 있었다.[15]

그러므로 필자는 경제적인 이유나 교육 기회의 부재가 원주민들의 영적 빈곤의 근본적인 이유라고 볼 수도 없다고 생각한다.

4. "어그러진 복음"과 기숙 학교

그렇다고 이들의 삶이 원래부터 이렇게 피폐했던 것은 아니다. 본래 풍요로운 땅의 주인이었기에 주어진 것에 만족하며 무엇보다 건강한 대가족 제도 안에서 공동체의 전통을 지키며 살았고, 영적으로도 영적인 중재자가 신령과 인간을 중재하는 무속 신앙(Shamanism)과 자연계의 모든 사물에 생명이 있다고 믿는 정령 신앙(animism) 그리고 나름대로 창조주를 믿는 자신들만의 '전통 신앙'이 있었다.

1600년대 초반에는 유럽인들이 현재의 캐나다 동부 연안으로 이주해 오면서 자연스럽게 원주민들에게 기독교가 소개되었는데, 이후 수백 년간 걸쳐 원주민들이 접한 기독교는 안타깝게도 예수 그리스도를 통한 구원의 기쁜 소식이 아니라 원주민들의 공동체를 폭력적으로 식민지화하는 일에 일조하는 "어그러진 복음"이었다.[16]

---

15 Fraser Institute, Facts about Aboriginal funding in Canada, https://www.traserinstitute.org/article/facts-about-aboriginal-funding-canada
16 Jodie Adams, et al., *Our Stories: First Peoples in Canada* (Toronto: Centennial College, 2018), 273.

Introduction

First Nations, Inuit and Métis are collectively referred to as Indigenous people in Canada.

Indigenous people in Canada have some of the highest suicide rates in the world, but there are also many communities that have very low rates of suicide.

Historically, suicide was a very rare occurrence among First Nations and Inuit (Kirmayer, 2007). It was only after contact with Europeans and the subsequent effects of colonialism that suicide became prevalent.

Intergenerational trauma is one of the primary colonial effects contributing to the elevated rate of suicide among Indigenous people.

원주민 사회에 만연한 자살과 같은 문제의 원인은 식민지 영향 때문이라는 연구 보고서.
출처: https://www.suicideinfo.ca/resource/trauma-and-suicide-in-indigenous-people/

2021년에 215구의 원주민 어린이 유골이 발견된 브리티시컬럼비아(British Columbia)주 캠룹스(Kamloops) 기숙 학교의 예전 모습.
출처: https://allthatsinteresting.com/residential-schools-in-canada

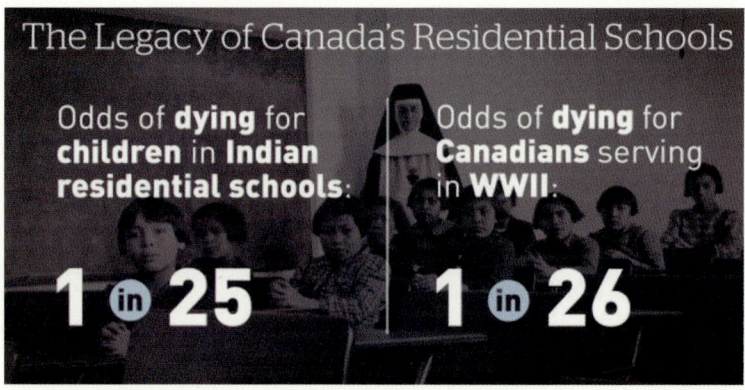

기숙 학교에서 사망한 원주민 아이들의 비율이 제2차 세계 대전에 참전한 캐나다 군인들의 사망률과 비슷하다.
출처: https://www.cbc.ca/news/indigenous/truth-and-reconciliation-commission-by-the-numbers-1.3096185

    그리고 본격적으로 이들의 정체성과 삶을 망가뜨리기 시작한 것은 1834년부터 교회에 의해 운영된 기숙 학교로서, 정부의 지원을 받은 가톨릭교회, 성공회교회, 연합교회 그리고 장로교회가 원주민들의 문명화를 위한다는 명목으로 아이들 교육을 도맡았다.

    그러나 아이들이 자발적이거나 부모의 허락으로 입학한 것이 아닌 강압적으로 교육 기관에 끌려갔고 때로는 캐나다 연방 경찰(Royal Canadian Mounted Police)들이 마을에 들이닥쳐 아이들을 강제로 잡아가기도 했다.[17]

---

[17] CBC News, *RCMP 'herded' native kids to residential schools*, Oct 29, 2011, https://www.cbc.ca/news/canada/rcmp-herded-native-kids-to-residential-schools-1.992618.

원주민 전통 복장을 입고 긴머리를 하고 있던 원주민 소년이 기숙 학교에서 짧은 머리에 서양식 복장을 입고 있는 모습.
출처: https://nationalpost.com/news/canada/assault-on-residential-school-students-identities-began-the-moment-they-stepped-inside

이렇게 끌려간 아이들은 열여덟 살 때까지 학교에 강제적으로 머물러야 했으며, 1996년도에 마지막 학교가 폐교할 때까지 총 15만 명이 넘은 아이들이 기숙 학교에 끌려갔는데 공식적인 기록만으로도 6천 명이 넘는 아이들이 사망했다고 한다.[18]

이는 제2차 세계 대전에 참전한 캐나다 군인의 사망률과 비슷한 것이며 근래에 공개된 자료에 따르면 기숙 학교에 있던 원주민 아이들을 대상으로 영양소 실험(nutritional experiments)과 각종

---

18 J. R. Miller, *Residential Schools in Canada*, The Canadian Encyclopedia, https://www.thecanadianencyclopedia.ca/en/article/residential-schools/.

의학 실험(Medical Test) 등이 이루어졌으며, 놀라운 사실은 캐나다 연방 정부가 실험을 주도했다는 것이다.[19]

때문에 오늘날에도 수많은 원주민이 기숙 학교때 당한 학대와 성폭행 그리고 의학 실험 등으로 후유증에 시달리고 있으며, 이들의 상처가 후손들에게 고스란히 전달되어 현재는 기숙 학교를 경험하지 않은 세대조차도 백인들과 기독교에 대해 깊은 반감을 갖게 되었다.

그뿐만 아니라 기숙 학교에서 원주민 아이들은 철저히 영어 사용만 강요되어 자신의 언어를 잃어버렸고, 남자아이들 같은 경우에는 긴 머리카락을 자르게 하고, 원주민 전통 복장에서 획일적인 교복으로 착용하게 하였다.

원주민 전통 문화에 대한 비판적인 교육으로 마을과 부모에게 돌아왔을 때는 의사소통이 되지 않을 뿐만 아니라 극심한 문화 차이로 공동체의 전통이 무너지고, 더 나아가 부모와 자식 간에 관계는 물론 가정이 파괴되어 오늘날까지 많은 원주민이 건강한 가정을 이루지 못하는 폐해를 낳게 되었다.[20]

이러한 역사적인 배경을 비추어 봤을 때, 이들의 삶이 이렇게 부서지고 영적으로 피폐하게 된 근본적인 이유는 바로 "어그러진 복음"에 있다고 필자는 판단하며, 그렇기에 캐나다 원주민이야말로

---

19 CBC News, *Aboriginal children used in medical tests*, August 1, 2013, https://www.cbc.ca/news/politics/aboriginal-children-used-in-medical-tests-commissioner-says 1.1318150.

20 J.R. Miller, *Residential Schools in Canada*, The Canadian Encyclopedia, https://www.thecanadianencyclopedia.ca/en/article/residential-schools/.

"어그러진 복음"의 진정한 피해자들이며, 오늘날 원주민 사회가 처한 영적인 빈곤은 바로 "어그러진 복음"의 결과라고 할 수 있다.

5. 공식적인 사과

20세기 중반부터 "어그러진 복음"을 회복하기 위해 캐나다오순절교단(The Pentecostal Assemblies of Canada)과 같은 캐나다의 복음주의교단이나 북아메리카원주민선교(North America Indigenous Ministry)와 같은 선교 단체의 선교사들이 원주민 사역에 본격적으로 뛰어들었으며, 2009년부터 '진실과 화해'(Truth & Reconciliation) 운동이 시작되어 과거에 있었던 기숙 학교의 잘못을 인정하고 사과하는 정부의 노력과 더불어 기숙 학교의 운영에 참여했던 가톨릭교회와 다른 전통 교단 교회들의 반성 등의 노력이 시작되었다.

그러나 워낙 뿌리 깊은 상처로 인해 복음의 회복은 아직 요원한 상태이며, 필자가 현재 사역하고 있는 밴쿠버섬의 많은 원주민 보호 구역은 아직도 복음을 전해서는 안 될 뿐만 아니라 복음에 대해 매우 적대적이며 폐쇄적이다.

6. 복음의 회복을 위한 노력

이러한 역사적 배경 가운데 엎친 데 덮친 격으로 2021년 5월 브리티시컬럼비아주 내륙 지방에 위치한 소도시 켐룹스(Kamloops)에 있는 옛 기숙 학교 터에서 무려 215구의 원주민 아이의 유골이 발견되었다.[21] 이후 옛 기숙 학교터에 대한 전수 조사가 실시 되었고 그결과 수많은 원주민 아이의 유골이 발견되고 있는 중이다.

너무나 끔찍한 사건이고 슬픈 소식이지만 이후 기독교와 교회에 대한 반감이 더욱 극심해져 원주민 보호 구역 내에 있는 수십 개의 교회가 불에 타거나 파손되고, 심지어는 원주민 보호

원주민 기숙 학교 사건과 피해자들에 대한 저스틴 트루도 캐나다 총리의 공식적인 사과에 기숙 학교 생존자 중의 한 명인 토비 오베드가 사과를 받아들이는 장면.
출처: h ttps://www.cbc.ca/news/canada/newfoundland-labrador/justin-trudeau-labrador-residential-schools-apology-1.4417443

---

21 Courtney Dickson & Bridgette Watson, *Remains of 215 children found buried at former B.C. residential school, First Nation says,* CBC News, May 27, 2021, https://www.cbc.ca/news/canada/british-columbia/tk-eml%C3%BAps-te-secw%C3%A9pemc-215-children-former-kamloops-indian-residential-school-1.6043778

켐룹스 사건 이후 불과 수개월 만에 캐나다 전역에서 68개의 교회가 불에 타거나 파손되는 피해를 입었다는 신문 기사.
출처 : https://tnc.news/2021/08/23/a-map-of-every-church-burnt-or-vandalized-since-the-residential-school-announcements/

구역 밖에 있는 몇몇 교회도 피해를 보게 되었다.

필자가 현재 섬기고 있는 원주민 교회는 1960년에 현지 원주민들에 의해 세워진 전통 있는 교회로 이 교회를 개척한 칼 밀러(Carl Miller) 목사는 기숙 학교로 끌려갔던 많은 원주민 아이를 구출하는 등 지난 60여 년 동안 원주민들을 위해 봉사한 훌륭한 유산이 있는데도 여전히 적지 않은 현지 원주민들로부터 외면받고 있다.

그뿐만 아니라 앞서 언급한 켐룹스 사건 이후 필자가 섬기는 원주민 교회 역시 증오 범죄의 대상이 되어 여러 차례 교회가 파

2022년 3월 25일 필자가 섬기는 원주민 교회 정문에 그려진 낙서.

손되었다. 심지어 2022년 3월 27일 주일 예배 중 갑자기 예배당에 들어온 한 원주민이 교회를 폭파하겠다는 위협을 해 출동한 경찰에 의해 현장에서 체포되는 일도 있었다.

하지만 더 큰 문제는, 이렇게 교회나 기독교인으로부터 받은 상처를 다시 회복시키고 말씀 가운데 제대로 양육시켜 줄 목회자가 턱없이 부족하다는 것이다. 필자가 직접 방문해 본 원주민 마을이나 그 밖에 다른 선교사님들로부터 직접 들은 바에 따르면 목회자가 없는 원주민 마을이 대다수였다.

그러다 보니 역사적인 배경이나 단기 선교팀에 의한 여름 성경학교 등의 경험으로 복음을 접해 보기는 했지만 제대로 된 신앙 교육이나 신앙적으로 모범이 되는 사람을 접해 본 적이 없어서 성령의 열매를 맺는 전인격적인 성화를 이루며 사는 진정한 원주민 기독교인이 극히 드물며 원주민 출신 목회자도 거의 없는 상황이다.

필자가 사역하고 있는 밴쿠버섬(Vancouver Island)에도 53개 원주민 공동체에 4만 3천여 명의 원주민이 살고 있지만,[22] 이들을 위한 원주민 출신 사역자는 한두 명에 불과하며 밴쿠버섬에 있는 원주민 교회는 열 개 미만으로 사십여 개에 이르는 원주민 부족에는 아직도 교회가 없고 있다고 한들 목회자가 없는 상황으로, 수많은 원주민이 복음의 사각지대에 놓여 있다.

7. 원주민 선교의 필요성과 캐나다 한인 교회의 참여

오늘날 캐나다의 많은 한인 교회와 사역자는 원주민 사역에 관심을 두고 직·간접으로 참여하고 있으며 이러한 캐나다 한인 교회의 원주민 선교 참여는 벌써 삼십여 년이 되었고, 그동안 많은 교회와 성도가 원주민 선교에 헌신을 해 왔다.

22　Vancouver Island Economic Alliance, *Vancouver Island Map of First Nations*, https://viea.ca/business-living-on-vancouver-island/first-nations/

하지만 필자가 가장 많이 듣는 말은 원주민 선교는 "밑 빠진 독에 물 붓기"와 같다는 한탄이었다. 실제로 밴쿠버의 많은 교회는 20년 넘게 원주민 사역을 진행했는데도 어떠한 사역의 열매를 기대하기가 어려운 실정이다.

이러한 실망감 속에 원주민 사역에 관한 관심은 점점 줄어들고 들어가는 자원에 비해 결과가 좋은 이른바 중남미나 동남아시아와 같은 가성비가 좋은 선교지로 눈을 돌리는 것이 현재 상황이다.

그렇다면 왜 이렇게 원주민 선교는 열매 맺기가 어려울까?

필자가 처음으로 캐나다 원주민 선교를 접하게 된 것은 2000년대 초반으로, 이후 매년 원주민 선교에 참여하다가 2007년 사역자가 되어 처음으로 감당하게 된 사역이 바로 원주민 선교 단체의 총괄 총무(Director)로서 새로운 원주민 선교지를 발굴해 관계를 맺고 단기 선교 참여 교회와 참가자를 모집하고 훈련 시켜 이러한 원주민 선교 지로 파송하는 동원 사역이었다.

이렇게 만 10년간 밴쿠버에 있는 한인 교회들을 섬기는 동안 원주민 사역을 담당하게 되었고, 2016년에는 현재 섬기고 있는 나나이모원주민교회에 담임으로 부임하면서 그동안에는 선교팀을 보내는 입장이었다면, 이제는 단기 선교팀을 받아야 하는 상황으로 바뀌게 되었다.

지난 20여 년간 원주민 사역에 참여한 많은 교회의 사례를 가까이서 목격하며 직·간접적으로 체험할 수 있었는데, 필자는 원주민 선교의 가장 큰 문제점은 무엇보다 역사로부터 배워야 할 교훈에 관심을 두지 않기 때문이라고 생각한다.

캐나다 원주민 선교는 한인 교회가 참여하기 이전에 이미 400년이 넘는 유구한 전통이 있다. 이러한 과정 가운데 수많은 선교사와 교회의 시행착오와 실패가 있었으며, 캐나다 한인 교회들의 원주민 선교 참여 역사도 절대 짧지 않다.

이러한 원주민 선교 역사를 돌아보며 비평적 성찰을 통해 실패의 원인을 찾아내고 개선한 좀 더 효과적인 선교 방법론을 개발해 원주민 선교에 관한 지침서를 제공했다면 지금보다는 좀 더 낳은 결과는 물론이고 오히려 캐나다 원주민 출신 선교사들과 세계 선교를 위해 동역하고 있었을지도 모른다.

8. 캐나다 원주민 선교 지침서의 필요성

하지만 지금까지 밴쿠버 한인 사회에서 캐나다 원주민 사역에 대해 접할 수 있는 일반적인 지식은 오로지 한인 원주민 선교사님들의 경험과 단편적인 이해에 근거하고 있다. 따라서 원주민이 처한 어려운 환경이나 불행한 역사 그리고 원주민 선교에 참여해야 한다는 원주민 선교에 대한 필요성에만 치중되어 있어, 포괄적으로 원주민 선교를 이해하고 선교 준비에 도움을 줄만 한 지침서가 전혀 없는 실정이다.

The 50 members of the Native Mission in Canada. The girls in the front dressed in traditional Korean outfits, and the second row filled with the Tae Kwon Do students. Joon Cho is the farthest right in the first row, and Peter Park is far right in the fourth row, wearing a gray shirt.

Native Mission in Canada came to work with local Aboriginals

From Monday, Aug. 20 to Friday, Aug. 24, 50 Korean Canadians from Vancouver, ranging from mere kids at 13 years old to seniors, were in the Lillooet area, building strong relationships with the local Natives.

They refer to themselves as the Native Mission in Canada, and their theme was "Harmony in Creator". Their main goal was to help the community find Jesus, though they said they were not here to force their religion on people, they wanted the community to think of them as a sort of social service.

The News spoke with Peter Choong Park, and Joon Cho, who are members and partial coordinators for the group. They both said that they did not primarily plan on coming to Lillooet, but planned on going to Lytton. When faced with the ferry strike, they said that God led them to Lillooet. Their first impressions of the town were good; Joon thought that the Natives catching the fish down by the river with only nets was very extraordinary. Peter said he "liked the sky, it is not like in other places.

So much bigger, and impressive!" He thought the mountains were beautiful as well.

On Tuesday and Wednesday of that week they went to Bridge River and Fountain. They cleaned up both reserves, and painted a wall in the Fountain outh centre. They held a couple Tae Kwon Do camps here, with more than 45 attendants, and showcased some of the members' skills at the Korean cultural night they held on Thursday night. Along with the Tae Kwon Do performance, they also had a traditional Korean fan dance, some Korean dishes, and a short dramatic performance as well. The night ended with an optional church service.

As a parting remark, Peter and Joon said "God bless Lillooet" and they hope to return more and more often if the community wants and needs them here.

2007년 브리티시컬럼비아주 릴루엣 지역 원주민 마을에 파송된 선교팀과 함께 필자가 현지 언론에 소개된 기사.

그러다 보니 교회들이 원주민 사역에 대해 어떠한 목적을 가지고 어떻게 전략적으로 준비해야 하는지를 알 길이 없어 오랜 세월 동안 대다수 교회는 어떠한 발전도 없이 그저 봉사 활동과 여름 성경 학교와 같은 기초적인 사역만을 쳇바퀴 돌 듯 진행하고 있다.

새로 원주민 사역에 참여하는 교회들도 기존의 방법을 답습하고 있어 그동안 들인 시간과 노력에 비하면 열매를 맺기가 매우 어려운 실정이 되었다. 이러한 이유로, 오랜 선교 역사에도 불구하고 캐나다 원주민들의 삶과 복음의 회복은 앞으로 나아가기보다 오히려 어떠한 면에서 퇴보하고 있다고 필자는 판단한다.

지금까지 원주민 선교가 한인 교회에 있어 선교의 필요성과 이해도를 갖는 시간이었다면, 이제부터는 과거의 선교 역사에 대한 비판적 성찰을 통해 효과적인 선교 전략과 거시적 관점으로 선교에 임함으로 열매를 맺고 발전해야 한다.

그렇지 않으면 이미 많은 한인 교회가 느끼는 절망감, 즉 원주민 선교는 "밑 빠진 독에 물 붓기"와 같다고 느끼는 것은 더 심화될 것이며, 결국 대다수의 현지 백인 교회가 원주민 선교에 대해 더이상 관심을 두지 않는 것과 같은 길을 한인 교회들도 따라가게 될 것이다.

이러한 위기 속에 캐나다 원주민 선교에 관심이 있는 모든 분들과, 원주민 선교에 참여하는 교회와 선교사님에게 이 지침서가 실제적인 도움이 되길 기대한다.

제1부

캐나다 원주민

제1부는 캐나다 원주민에 대한 이해를 돕기 위한 내용으로서,

원주민들의 기원과 역사, 정체성,

문화, 종교 그리고 언어 등을 소개하고 있다.

제1장
캐나다 원주민을 부르는 용어

    1492년 크리스토퍼 콜럼버스(Christopher Columbus)가 신대륙을 발견했을 때 인도라고 착각해서 북미 원주민을 인디언(Indian)이라고 부르기 시작했으며 현재도 미국에서는 원주민들을 일반적으로 인디언이라고 부른다.

    하지만 캐나다에서는 1970년대부터 토착민 또는 원주민이라는 의미로 인디저너스 피플(Indigenous people)이라는 명칭이 광범위하게 사용되기 시작해 캐나다 원주민을 총칭하는 명칭이 되어[1] 더이상 인디언이라는 단어는 캐나다 원주민을 가리키는 적절한 단어가 아니다.

    이 밖에도 호주에서 원주민들을 가리키는 명칭으로 종종 쓰이는 애보리지널(Aboriginal)과 토착민을 총칭하는 네이티브(Native)라는 단어 역시 과거에 캐나다 원주민을 가리키는 명칭으

---

[1] Indigenous Foundations, *Terminology*, https://indigenousfoundations.arts.ubc.ca/terminology/.

브리티시컬럼비아주 오카나간 원주민 마을의 도로 사인.
출처: https://globalnews.ca/news/8251174/housing-project-okanagan-indian-band/

로 종종 사용되었으나 더 이상 캐나다에서는 사용되지 않을 뿐만 아니라 원주민들을 가리키는데 부적절한 단어로서, 실제로 '메니토바원주민추장협회'(The Assembly of Manitoba Chiefs)에서는 애보리지널이라는 명칭 사용을 공식적으로 거절했다(Reject).[2]

이유는, 애보리지널의 영어 단어 첫 두 글자 'ab'는 라틴어의 접두사로 '아니다'(not)라는 부정적 의미를 가지고 있어 '원주민이 아니다'(not original)라는 의미가 될 수 있기 때문이며, 원주민을 지칭하

---

[2] Don Marks, *What's in a Name: Indian, Native, Aboriginal or Indigenous?*, CBC News, Oct 02, 2014, https://www.cbc.ca/news/canada/manitoba/what-s-in-a-name-indian-native-aboriginal-or-indigenous-1.2784518.

는 단어는 자기 정체성을 되찾는 데 매우 중요한 요소이므로 원주민들을 가리키는 단어 사용에 매우 신중해야 한다는 것이다.

이러한 관점에서 인디언이라는 단어 역시 북미 원주민들의 정체성을 고려했을 때 매우 부적절하며, 현지인 또는 토착민이라는 의미의 네이티브라는 단어 역시 모든 지역의 현지인이나 토착민들을 대상으로 쓰일 수 있는 너무 보편적인 것이기에 북미 원주민들을 가리키는 고유의 명칭이 될 수 없다는 것이다.[3]

그렇다고 해서 이 단어들이 전혀 쓰이지 않고 있는 것은 아니다. 1876년도에 캐나다 정부에서 원주민들을 대상으로 제정된 '인디언 법'(Indian Act)은 여전히 그 이름 그대로 사용되고 있으며, 싸스케치원주에 있는 여러 원주민협회(Saskatchewan Indian Gaming Authority, Saskatchewan Indian Cultural Centre and Saskatchewan Indian Equity Foundation)와 브리티시컬럼비아주의 오카나간 원주민 부족과 같이 일부 원주민 공동체는 여전히 자기들을 인디언이라고 지칭하기도 한다.

필자가 현재 섬기고 있는 원주민 교회 이름 역시 60여 년 전에 지어진 이름으로 네이티브(Native)라는 단어를 쓰고 있다. 이처럼 인디언, 애보리지널 그리고 네이티브라는 단어가 여전히 쓰이고 있기는 하지만 더는 캐나다 원주민을 지칭하는 공식적인 명칭도

---

3 Don Marks, *What's in a Name: Indian, Native, Aboriginal or Indigenous?*, CBC News, Oct 02, 2014, https://www.cbc.ca/news/canada/manitoba/what-s-in-a-name-indian-native-aboriginal-or-indigenous-1.2784518.

신원미상의 메이티스 가족사진.
출처: https://www.thecanadianencyclopedia.ca/en/article/metis

아닐 뿐만 아니라, 특별히 캐나다 원주민들의 정체성과는 전혀 맞지 않고, 어쩌면 그들에게 혐오감마저 줄 수 있기에 원주민을 지칭하는 단어 사용에 신중해야 한다.[4]

캐나다 헌법은 캐나다 원주민들(Indigenous Peoples)을 퍼스트 네이션스(First Nations)와 이누잇 그리고 메이티스(Metis) 이렇게 세 부류로 나누고 있다. 퍼스트 네이션스는 북극권 이남에 사는 원주민을 그리고 이누잇은 유콘주(Yukon), 노스웨스트 준주(Northwest Territories) 그리고 누나부트(Nunavut) 준주와 같은 북극권에 거주하는 원

---

[4] Harvey A. McCue, Indian, The Canadian Encyclopedia, https://www.thecanadianencyclopedia.ca/en/article/indian-term.

주민들을 가리킨다.

　메이티스는 유럽계와 원주민 사이의 혼혈인 후손들을 지칭하는데 역사적으로 첫 번째 메이티스는 원주민들과 모피 무역을 했던 프랑스계 남성과 원주민 여성 사이의 자녀들로서 가장 크고 오래된 메이티스 공동체는 매니토바주의 레드리버(Red River) 주변에 자리 잡고 있다.[5]

---

[5]　Red River North Heritage, *First Nations and Métis People of Red River Settlement (pre and post Confederation)*, https://redrivernorthheritage.com/first-nations-and-metis-people-of-red-river-settlement/.

제2장
북미 원주민의 기원과 역사

1. 북미 원주민의 기원

오늘날 캐나다는 세계 각지에서 온 이민자들로 인해 세계적으로 손꼽히는 다문화 국가이다. 하지만 불과 400여 년 전만 해도 이 캐나다 땅에는 원주민들만이 살고 있었다.

이 원주민들의 기원은 유콘주(Yukon) 북부에 있는 올드크로강 유역(Old Crow Basin) 유적지에서 발견된 유물들에 의해 추정해 볼 수 있는데, 대략 12,000년 전에 시베리아와 알래스카 사이에 있는 베링해협을 통해 동북아시아 사람들이 이주해 온 것으로 북미 원주민들의 유전자 형질은 동아시아인과 가장 흡사하다는 연구 결과도 있었다.[1]

---

[1] Maanasa Raghavan, et al., *Upper Palaeolithic Siberian genome reveals dual ancestry of Native Americans*, nature, November 20, 2013, https://www.nature.com/articles/

2. 원주민 인구와 전염병

유럽인들이 북미 대륙에 이주해 오기 전인 15세기 무렵에는 약 5천만 명 정도의 원주민이 캐나다와 미국 땅에 거주했을 것으로 학자들은 추측한다.[2]

하지만 유럽과 아프리카계 이민자들의 인구가 늘어나기 시작하면서 원주민 인구는 급속히 줄어들게 되는데 그 이유는 무엇보다 외부 질병에 대한 면역 체계가 전혀 없었던 원주민들이 유럽인들이 가져온 인플루엔자, 폐렴 그리고 천연두와 같은 유라시안 질병에 노출되었기 때문이다.

동시에 유럽인들과의 갈등과 전쟁이 이러한 인구 감소를 더욱 가속하여 한때는 원주민 인구의 80퍼센트 가량이 감소했다고 한다. 이와 관련해 잔혹한 역사적 사실은 일부 유럽인들이 원주민과의 전쟁에서 승리 또는 손쉽게 땅을 빼앗을 목적으로 의도적으로 이러한 질병들을 퍼뜨리고 사용했다는 것이다.

실제적인 예로, 눅설크(Nuxalk Nations) 원주민 부족은 1800년대 초기만 해도 1만 2천명의 인구가 브리티시컬럼비아주 벨라쿨라(Bella Coola) 계곡에 터전을 잡고 살아가고 있었다.

---

nature12736

[2] Alan Taylor, *American Colonies: The Settling of North America* (New York: Penguin Books, 2002), 40.

Francis Poole, Expedition Leader

서부 해안에서 내륙으로 이어지는 무역루트와 이 지역에 천연두를 퍼트린 프렌치스 풀.
출처: http://www.shawnswanky.com/work/the-smallpox-war-in-nuxalk-territory/

하지만 캐나다 서부 해안으로부터 내륙으로 이어지는 중요한 무역 루트인 벨라쿨라 계곡을 원주민들로부터 빼앗기 위해 1862년 7월 4일 프렌치스 풀(Francis Poole)과 그 일행들은 계획적으로 수명의 천연두(Smallpox) 환자를 눅설크 원주민 부족의 영역에 던져 놓고 나오게 되고, 이후 불과 한 달 만에 75퍼센트가 넘는 수천 명의 원주민이 천연두로 인해 목숨을 잃는 집단 학살(Genocide)이 발생하게 된다.[3]

그리고 천연두를 사용한 원주민 집단 학살은 서부 해안 무역 루트에 인접한 여러 원주민 마을에서도 자행되어 16세기만 해

---

3 Tom Swanky, *The Smallpox War in Nuxalk Territory* (Morrisville: Lulu Press, 2016), 105–47.

1890년 크리부족원주민 여성들과 아이들.
출처: http://history.alberta.ca/energyheritage/oil/the-quest-for-sustainability/first-nations-oil-resources-and-land-claims/default.aspx

도 최소 50만 명이 넘었던 캐나다 원주민의 인구는 1867년도에는 12만 명 정도만이 남아 간신히 명맥만을 유지하게 된다.[4]

1950년대부터 의학의 발달과 출산율의 증가로 원주민 인구는 급격히 증가하기 시작해 오늘날에는 2016년 캐나다 통계청 기준으로 1,673,785명의 원주민이 캐나다 전역에 흩어져 살아가고 있으며 이는 캐나다 전체 인구 대비 약 5퍼센트에 해당한다.[5]

---

4   Frank Trovato & Laura Aylsworth, *Demography of Indigenous Peoples in Canada, The Canadian Encyclopedia,* https://www.thecanadianencyclopedia.ca/en/article/aboriginal-people-demography.
5   Encyclopedia Britannica, *Indigenous peoples,* https://www.britannica.com/place/Canada/Indigenous-peoples

3. 든든한 영국의 동맹

유럽계 이민자와 원주민들 사이에 갈등만 있었던 것은 아니다. 오늘날의 '캐나다'라는 나라가 건국되는 데 있어 원주민들의 공헌은 빼놓을 수 없는 매우 중요한 요소로서, 캐나다가 건국되기 이전, 원주민 전사들은 영국군과 더불어 북미 지역의 영국령을 미국의 침공으로부터 방어하는 핵심적 전력이었다.

1812년 미군의 침공에 맞서 싸운 것이 대표적인 예로서 수천 명의 원주민과 메이티스 전사들이 영국군과 및 정착민 민병대와 함께 싸워 이 땅을 지켜냈으며, 이후로도 캐나다 전역에 산재한 군사적 요충지들을 영국군과 함께 지키고, 특별히 동부 오대호 지역의 원주민들은 최소 1만 명 이상을 동원해서 거의 모든 중요한 전투에 참여해 승리로 이끄는 중요한 역할을 감당했다.[6]

이처럼 캐나다 원주민들이 영국의 굳건한 동맹이 되어 적극적으로 미국과의 전쟁에 참전하게 된 배경은 1763년의 왕립 선언(Royal Proclamation, 1763)으로 거슬러 올라간다.

1754년부터 1763년까지 영국과 프랑스가 북미 대륙의 패권을 놓고 '프랑스와 인디언 전쟁'(The French and Indian War)이라고 불리는 7년 전쟁이 발발하는데 이 전쟁에서 영국이 승리해 북미의 패권은 영국에게 넘어가게 된다.

---

6 Government of Canada, *Indigenous contributions to the War of 1812*, https://www.rcaanc-cirnac.gc.ca/eng/1338906261900/1607905474266

이 전쟁 때만 해도 영국
은 단지 이로쿼이족(Iroquois)
과 카토바족(Catawba) 그리
고 체로키족(Cherokee) 이렇
게 세 부족의 협력만 받는
상황이었고 반대로 프랑스
는 와바나키연합(Wabanaki
Confederacy) 소속의 아베
나키족(Abenaki), 미크맥족
(Mi'kmaq), 알곤킨족(Algon-
quin), 델라웨어족(Lenape; Delaware), 오지브와족(Ojibwa), 오타와족
(Ottawa), 쇼니족(Shawnee)그리고 와이언도트족(Wyandot) 이렇게 여
덟 개 부족이 함께하고 있었다.[7]

1812 영국군 장군 아이작 브록(Isaac Brock) 과 원주민 전사 스와니 워리어 테굼쉐((Shawnee Warrior Tecumseh)와의 회의. 출처: https://www.nps.gov/articles/brock-meets-tecumseh.htm

하지만 전쟁 기간 동안 영국은 동맹 원주민 부족으로부터 큰 도
움을 받았는데, 이후 더 나은 관계를 맺어 나가며 미래에 유럽계
이민자들의 정착지가 확장됨에 따라 영토로 인해 혹시라도 동맹
원주민들과의 사이에서 발생할 수도 있는 갈등을 방지하고자 당시
영국의 왕이었던 조지 3세(King George III)는 왕립 선언을 발표한다.[8]

---

7 Richard Hall, *The Causes of the French and Indian War and the Origins of the 'Braddock Plan': Rival Colonies and Their Claims to the Disputed Ohio*. Atlantic Politics, Military Strategy and the French and Indian War: 21–49. doi:10.1007/978-3-319-30665-0_2. ISBN 978-3-319-30664-3.

8 Government of Canada, *250th Anniversary of the Royal Proclamation of 1763*,

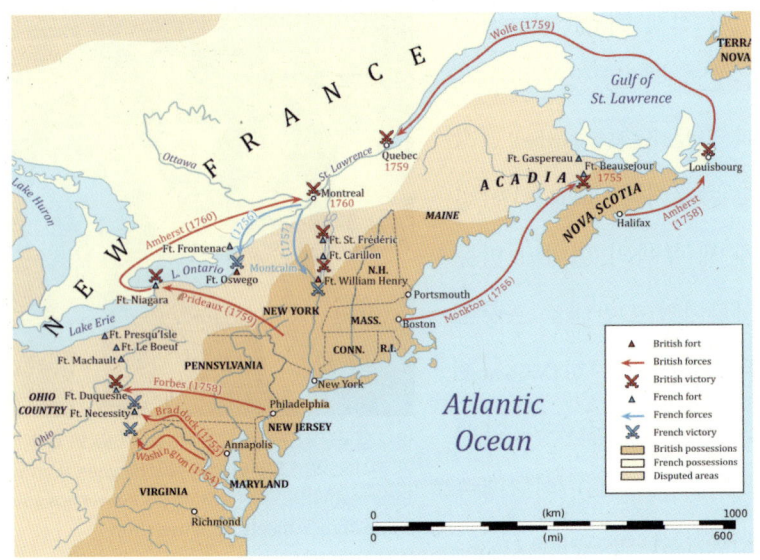

1754-1763년 영국과 프랑스가 북미 대륙의 패권을 놓고 다툰 칠 년 전쟁 주요 격전지 지도.
출처: https://en.wikipedia.org/wiki/French_and_Indian_War#cite_note-9

이 왕립 선언에는 두 가지의 특별한 의미가 담겨 있다.

첫째, 유럽계 이민자들의 정착촌 이외의 서쪽 땅은 원주민의 영토라는 권리를 인정한다.

둘째, 미래에 발생할 갈등을 방지하고자 식민지의 총독(Governor)이 임의로 원주민에게 세금을 물리거나 원주민의 땅을 몰수할 수 없을 뿐만 아니라 원주민의 땅을 매입하기 위해서는 정해진 절차와 규정을 따라야 한다.[9]

---

9   https://www.rcaanc-cirnac.gc.ca/eng/1370355181092/1607905122267
    Ibid.

이처럼 당시의 기준으로는 이러한 이례적인 원주민 보호 조치들이 있었기에 원주민들과 영국과의 관계가 개선되었고 미국과의 전쟁에서 원주민들이 영국 편에서 적극적으로 참전하는 계기가 될 수 있었다.

제3장
캐나다 원주민의 문화

1. 구전 문화

캐나다 전역 육백여 개의 원주민 보호 구역(Reserve)에 흩어져 사는 원주민들은 각각의 독특한 문화와 전통 그리고 언어 등을 가지고 있는데, 북미 원주민들의 공통된 독특한 문화를 하나 꼽는다면 바로 구전(Oral Traditions)일 것이다.

역사적으로 북미의 모든 원주민 사회는 그들의 이야기와 역사 그리고 여러 지식과 그 밖의 문화와 정체성 등에 관련된 모든 것을 구전을 통해 다음 세대에 전달하며, 전달하는 사람과 청취자 사이에 경험과 지식 그리고 기억을 공유할 수 있도록 연결해 주는 기본적 토대가 된다.

특별히 퍼스트 네이션스에 있어 구전이란 가족들의 즐거운 여가로, 주로 저녁 시간에 모여 살고 있는 지역이나 가족들만의 지

저녁 시간에 천막에 모여 원로 원주민이 나눠 주는 이야기를 듣고 있는 모습.
출처: https://www.thecanadianencyclopedia.ca/en/article/indigenous-oral-histories-and-primary-sources

식을 구전으로 전했으며, 개인이나 가족의 권위 또는 책임 등을 인증할 때는 마을 사람들이 모이는 공공 행사 등에서 격식을 차려 말로 전달하고 참여한 사람들에게 그 말에 증인이 되도록 했다.[1]

오늘날에는 문자 등을 통해 기록할 수 있기에 이러한 구전 문화는 많이 사라졌지만, 여전히 몇몇 마을에서는 구전을 통해 문화를 전달하는 의식을 행한다. 예를 들어 연말에 가족이나 부족

---

1 Erin Hanson, *Oral Traditions*, Indigenous Foundations, https://indigenousfoundations.arts.ubc.ca/oral_traditions/.

원들이 모여 한해 동안 새로 태어난 아이들이나, 특별한 행사 또는 개인의 경조사 등을 구전으로 전달하는 것이다.

증인 문화 역시 여전히 유지되고 있어 많은 경우 원주민들이 중요한 이야기를 나눌 때는 꼭 대화의 증인이 될 사람이 동석해 이야기를 나누는 사람 옆에 함께 하는 것을 볼 수 있다.

부족의 문화나 영역 또는 부족원들 간의 관계 문제나 환경에 대한 것과 같은 특별한 주제의 이야기들은 특정 계절이나 장소, 시간 또는 한정된 사람들에게만 구전으로 전달되었다.

그리고 대대손손 전해지는 부족의 역사에 대한 내용은 정확성을 유지하기 위해 특별히 자격을 지닌 부족원에 한해서만 구전으로 나눌 수 있도록 허락하고, 지정된 부족원은 이러한 역사적 지식을 지키고 다음 세대에 전달하는 책임을 갖는다고 한다.[2]

2. 전통 스포츠

오늘날 세계적인 스포츠 중의 하나인 라크로스(Lacrosse) 역시 북미 원주민의 대표적인 문화 중 하나로서 수천 년 전부터 북미 원주민들은 창조주의 시합(Creator's Game)이라는 이름으로 이 스포츠를 즐겨 왔는데, 운동이나 경기와 같은 스포츠라는 정체성이

---

[2] Erin Hanson, *Oral Traditions*, Indigenous Foundations, https://indigenousfoundations.arts.ubc.ca/oral_traditions/.

과거 수백 명의 원주민 전사들이 함께 참여하는 창조주의 시합 모습.
출처: https://worldlacrosse.sport/about-world-lacrosse/origin-history/

확립되기 이전에는 원주민들에게 있어 창조주의 시합은 창조주께서 원주민들에게 여가와 오락을 위해 주신 선물로서 영적인 축제의 한 형태이자 치료 의식이라고 여겨졌으며, 전통적으로 남자들만이 참여했다.[3]

알곤킨 부족에서는 바가타웨이(Baggataway)라는 이름으로, 촉타(Chocktaw) 부족은 카보치톨리(kaboch-toli), 모학(Mohawk) 부족은 티와라톤(tewaarathon) 그리고 오나이더(Oneida) 부족은 카라세(Ka:lahse)

---

3   Jodie Adams, et al., 225-26.

오늘날의 라크로스 경기 장면.
출처: https://www.google.com/search?q=lacrosse&rlz=1C1JZAP_enCA965CA965&source=l-nms&tbm=isch&sa=X&sqi=2&ved=2ahUKEwigv4mszsH1AhVwgs4BHb2lAi0Q_AUoAXoE-CAMQAw&biw=1059&bih=870&dpr=1#imgrc=l8JO-lFydc38hM

라는 이름으로 불렸던 것과 같이 다양한 이름으로 존재했다.

게임에 참여하는 원주민 전사들은 게임이 시작하기에 앞서 금식함으로 이 게임을 주신 창조주를 경배했고, 주로 분쟁을 해결하거나 공동체의 구성원을 치유하기 위한 목적으로 게임이 진행됐다.[4]

구전에 따르면 예전에는 게임이 한번 시작되면 보통 이틀 연속으로 해가 뜨는 일출부터 시작해서 해가 지는 일몰 시각까지 진

4　Ibid.

행됐으며, 어떤 경우에는 수백 명의 원주민 전사들이 게임 도중 선수 교체 등을 통해 게임에 참가했다고 한다.[5]

17세기 중엽 프랑스계 이민자들이 이 게임을 라크로스(Lacrosse)라는 이름으로 개명했다. 이후 자체적으로 덜 폭력적이며 신사적인 스포츠로 자리잡도록 하기 위해 구획화된 들판에서 진행하는 등의 노력들을 하였고, 19세기 말에 이르러서는 예전의 모습을 거의 찾아보기 힘들 정도가 되었다.[6] 앞에 소개된 그림과 사진은 전통적인 모습의 라크로스와 오늘날의 라크로스가 얼마나 달라졌는지를 잘 보여 주고 있다.

3. 북미 원주민의 전통춤

파우와우댄스(Powwow Dance)는 원주민들의 전통과 역사 그리고 영적인 신앙관 등을 표현하는 북미 원주민의 전통춤으로 북미 전역에 지역 또는 성별이나 연령에 따른 집단에 따라 다양한 종류와 스타일의 파우와우댄스가 존재하고 있으며, 모든 공연자는 원을 그리며(circle) 춤을 추는데 이 원에 들어갈 때는 해가 동쪽에서 떠오르듯이 항상 원의 동쪽에서 진입하는 것이 특징이다.[7]

5　Ibid.
6　Ibid., 225.
7　Simpson, Michael John. *Powwow Dances. The Canadian Encyclopedia*, 2016,

2013년 뉴욕에서 개최된 파우와우스 축제에 참여한 원주민들.
출처: https://www.thecanadianencyclopedia.ca/en/article/powwow-dances

파우와우라는 말의 기원은 치료 주술사(a medicine man), 무속인(Shaman) 또는 치유 의식의 영적 지도자들의 모임을 뜻하는 파우와우(pau wau)라는 알곤킨 언어 그룹의 원주민 언어라고 하기도 하며, 큰 축제에 모인 사람들이 음식을 '먹다'라는 의미의 파와(pa wa)라는 단어에서 유래 되었다는 주장도 있다.[8]

---

8 Hoefnagels, Anna. *Powwows in Canada*. The Canadian Encyclopedia, 2016, https://thecanadianencyclopedia.ca/en/article/powwows-editorial

이러한 파우와우댄스 공연자들은 공연에 맞는 전통 예복(regalia)을 입어야 하는데, 이 예복에는 의복 이외에도 원주민 전통의 부드러운 가죽으로 만든 납작한 신발인 모카신(Moccasin)이나 독수리 깃털 등 여러 장신구가 포함된다. 파우와우댄스를 위한 예복은 각각 독특한 개성을 가지고 신성시되었는데 그 이유는 영적인 의미를 부여해 조심스럽게 만들어지기 때문이다.

예복 이외에도 파우와우댄스의 배경 음악을 연주하기 위한 드럼과 노래 역시 파우와우댄스를 위한 매우 중요하고 성스러운 요소라고 할 수 있다.[9]

이러한 원주민 전통춤인 파우와우댄스와 원주민 전통 음악, 음식 그리고 예술 작품 등을 대중에게 보여 주기 위한 축제인 파우와우스(Powwows)는 19세기 말부터 시작되어 일반적으로 퍼스트 네이션스 공동체들이 주관한다.

이러한 축제를 통해 자기 문화 유산을 기념하는 것 이외에도 다른 지역의 원주민들과의 문화 교류나 친인척 방문 등의 부수적인 효과도 있으며, 대개 여름철 주말에 캐나다 전역에 있는 원주민 보호 구역이나 또는 도심지에서 개최된다.[10]

---

[9] Simpson, Michael John. *Powwow Dances*. *The Canadian Encyclopedia*, 2016, https://www.thecanadianencyclopedia.ca/en/article/powwow-dances.

[10] Hoefnagels, Anna. *Powwows in Canada*. *The Canadian Encyclopedia,* 2016, https://thecanadianencyclopedia.ca/en/article/powwows-editorial

4. 토템 폴 문화

캐나다의 태평양 관문이라 할 수 있는 밴쿠버 국제공항에 들어서면 독특한 형상이 새겨진 목상을 볼 수 있는데 이는 태평양 연안 원주민들의 대표적 문화인 토템 폴(Totem Pole)로써, 미국 삼나무(Western Red Cedar)로 만든다.[11]

토템 폴은 조상이나 역사 그리고 사람 또는 행사 등을 상징하거나 기념하기 위해 제작된다. 일반적으로 사람과 동물 또는 초자연적인 형상을 상징적으로 표현하는 것이 특징인데 주로 친족

밴쿠버 스텐리파크에 있는 토템 폴.
출처:https://www.getyourguide.com/stanley-park-totem-poles-l11173/

---

11 Alice Huang, *Totem Poles*, Indigenous Foundations, https://indigenousfoundations.arts.ubc.ca/totem_poles/.

이나 가문의 상징 그리고 부족원이라는 신분을 시각적으로 표현한다. 만약 천둥새부족(Thunderbird Clan)의 콰콰카왁 가문(Kwak-waka'wakw families)이라고 한다면 천둥새의 상징과 가문의 전설들을 형상화한 토템 폴이 만들어지는 것이다.

보통 늑대나 독수리, 회색곰, 천둥새, 범고래, 개구리, 까마귀 그리고 연어가 상징으로 사용되는데, 부유하거나 영향력 있는 가문은 한 가지 이상의 상징을 가지고 있다고 한다.[12]

5. 서부 원주민의 전통 의상

코위찬 스웨터(The Cowichan Sweater)는 미국 오래곤주부터 시작해 캐나다 브리티시컬럼비아주에 이르는 서부 해안 지역에 분포해 있는 코스트 샐리시(Coast Salish) 원주민 부족의 전통 문화이자 전통 의복이다. 예전에는 인디언 스웨터(Indian Sweater) 또는 시위시 스웨터(Siwash Sweater)라고 불리기도 했었는데, 1950년대 들어 코스트 샐리시 원주민 부족 중 하나인 코위찬(Cowichan) 원주민들의 요구로 현재의 이름을 갖게 되었다.[13]

---

12 Ibid.
13 Regan Shrumm, *Cowichan Sweater*, The Canadian Encyclopedia, https://www.thecanadianencyclopedia.ca/en/article/cowichan-sweater.

코위찬 스웨터 장인. 도라 윌슨(Dora Wilson).
출처: https://www.thecanadianencyclopedia.ca/en/article/co-wichan-sweater

　　본래 코스트 샐리시 원주민 여성들은 유럽인들이 오기 전부터 산양이나 개의 털을 이용해 수작업으로 담요나 의복을 만들어 왔는데, 19세기 들어 유럽계 이민자들로부터 담요 주문이 폭주해 더는 전통적인 방식으로는 요구된 물량을 조달할 수가 없어서 당시 유럽계 이민자들에 의해 전파된 새로운 기술인 뜨개질이 사용된다.[14]

14　Margaret Meikle, *Cowichan Indian Knitting* (Vancouver: The University of British Columbia Museum of Anthropology, 1987), 9-32.

이때 만들어진 것이 바로 코위찬 스웨터로서, 독특한 특징은 무게감과 수제로 짠 가공되지 않은 모직, 원주민의 전통적인 기하학적 무늬, 색감 그리고 디자인으로 1800년도 중반부터 코스트 샐리시 원주민들이 이 코위찬 스웨터를 입기 시작해 1900년도 초쯤에 기록된 문서에도 이 의복이 코스트 샐리시 원주민들만의 전통 의복임을 증명하고 있다.[15]

---

15 Ibid.

제4장

캐나다 원주민의 언어

오늘날 캐나다의 원주민 언어라고 하면 흔히 사멸하는 언어라고 인식되는 경향이 있다. 그리고 실제로 역사적으로 인디언 법과 같은 캐나다 정부의 정책 또는 기숙 학교(Residential School)로 대변되는 교육 제도 등으로 인한 원주민 문화 말살 정책으로 캐나다 원주민의 언어는 사멸될 위기에 있는 것도 사실이다.

필자가 경험한 바에 따르면 젊은 세대 중에서는 원주민 언어를 조금이라도 말하거나 이해할 수 있는 경우는 거의 없었으며 원로 원주민들조차 간단한 인사말을 할 수 있는 정도였다.

이렇게 원주민 언어의 사멸이 더욱 가속되는 이유 중의 하나는 많은 원로 세대의 원주민이 기숙 학교에서의 경험 중 특별히 원주민 언어를 사용할 때 받았던 학대로 인해 아직도 원주민 언어

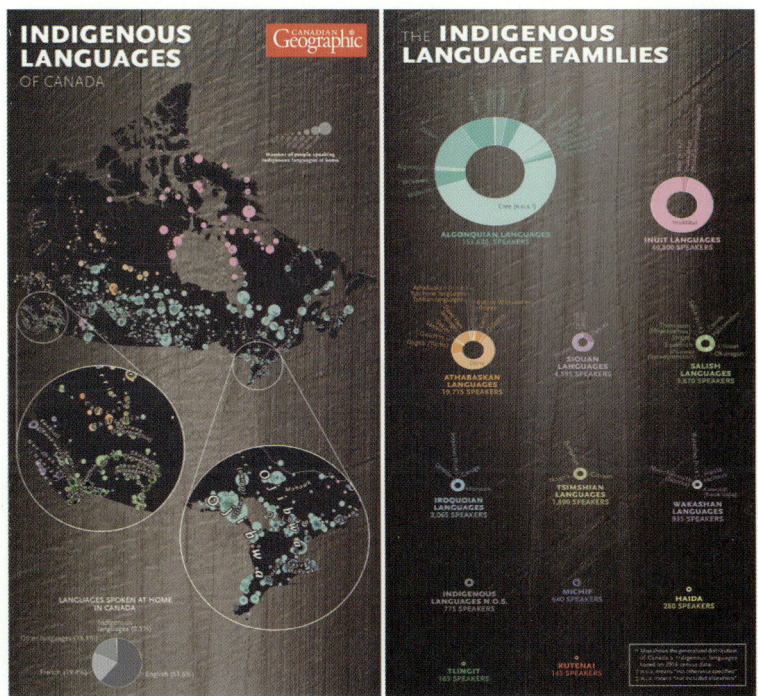

캐나다 원주민 언어 그룹 분포도 및 각 언어 그룹 비율 도표.
출처: Jodie Adams, et al., Our Stories: First Peoples in Canada (Toronto: Centennial College, 2018), 218-219.

사용을 꺼리고 있기 때문이라고 한다.[1]

그런데도 몇몇 원주민 지도자는 원주민의 세계관과 삶의 방식을 이해하고, 원주민 문화를 지키며, 진정한 원주민이 되기 위해서는 반드시 언어가 필요하다는 인식을 갖고 오랜 시간 원주민 언어를 되살리려고 노력했다.

---

1 Jodie Adams, et al., 220.

그 결과 드디어 2016년도에 캐나다 연방 정부 차원에서 원주민 언어를 보존하기 위한 첫 번째 정책인 원주민 토착 언어 정책(Indigenous Language Act)이 발효되게 된다.[2] 이와 같은 노력으로 현재 캐나다 전역에는 60개 이상의 원주민 언어가 존재하고 있으며, 몇몇 대학에서는 이러한 원주민 언어 학과를 개설해 가르치고 있다.

이 언어들은 크게 12개의 언어 그룹(Language Families)으로 나뉜다. 이를 지역적으로 살펴보면 알곤킨어(Algonquian)와 이로쿼이어(Iroquoian)는 위니펙 호수(Lake Winnipeg) 동쪽 지역에서 사용되며, 알곤킨어와 수어족어(Siouan) 그리고 데네(Dene)는 알버타주(Alberta)부터 시작해 온타리오주(Ontario)에 이르는 대평원 지역에서 주로 발견된다.

데네, 이누이트어 그리고 알곤킨어는 북극권 지역에서 사용하고 있다. 브리티시컬럼비아주에서는 샐리시어(Salishan), 침샨어(Tsimshian), 와카시어(Wakashan), 데네 그리고 알곤킨어 이렇게 다섯 개의 다양한 언어 그룹이 발견된다.[3]

이중 알곤킨족 언어 그룹에 속하는 크리족어가 중부 지역과 동부 지역에서 두드러지게 사용되는 언어로서 현재 무려 10만 명이 넘는 원주민들이 사용함으로 실생활에서 가장 활발히 쓰이는 대표적인 캐나다 원주민 언어라고 할 수 있다. 이러한 이유로 성경 번역이 주된 사역인 위클리프 선교 단체에서 북미권에서는 유일

---

2   Ibid., 221.
3   Ibid., 220.

하게 크리족어 성경 번역을 위해 혼신의 노력을 다하고 있다.[4]

첨부된 언어 그룹 분포도에서 볼 수 있듯이, 몇몇 지역을 제외하면 매우 적은 인구만이 원주민 언어를 사용하는 것을 볼 수 있는데, 이미 언급한 대로 부족의 몇몇 소수 원로만이 자기 전통 언어를 알고 있거나 마을의 행사 등에서만 사용될 뿐 일상생활에서는 거의 사용되지 않기 때문이다.

---

[4] Wycliffe, *Cree Initiative Americas*, https://www.wycliffe.ca/project/cree/.

제5장
캐나다 원주민의 종교

 유럽계 이민자들과 선교사 그리고 정부 정책 등을 통해 수백 년 동안 지속된 기독교의 영향력으로 원주민 공동체들은 많은 변화를 겪게 되었으며 그 결과 오늘날에는 무려 3분의 2나 되는 캐나다 원주민들이 스스로를 크리스천이라고 밝힌다.[1]
 하지만 필자가 접해 본 바로는 체계적인 신앙 또는 성경 교육의 부재로 인해 이들의 신앙은 대부분 원주민의 전통 신앙과 혼합되어 있거나 단지 기독교의 영향력으로 인해 자신을 크리스천이라고 여기는 것으로 볼 수 있다.
 기독교나 불교와 같이 한마디로 정의되거나 대표될 수 있는 캐나다 원주민의 토착 종교(Indigenous religion)는 없다. 하지만 이들

---

1 CBC, *Majority of indigenous Canadians remain Christians despite residential schools* https://www.cbc.ca/radio/thecurrent/the-current-for-april-1-2016-1.3516122/majority-of-indigenous-canadians-remain-christians-despite-residential-schools-1.3516132

은 영적인(spiritual) 것을 매우 중요하게 생각하는 사람들로서, 원주민들의 영적인 신앙관(spiritual beliefs)은 지역과 부족마다 차이가 있지만, 대부분의 공동체에서 발견되는 공통적인 전통 신앙관은 크게 창조설(Creationism), 정령 신앙 그리고 무속 신앙 이렇게 세 가지로 정의될 수 있다.[2]

무엇보다 원주민 대부분이 믿고 있는 것은 창조설이다. 이는 어떤 창조자(Creator)나 위대한 영(Great Spirit) 또는 위대한 신비(Great Mystery)라고 불리는 존재가 이 세상과 모든 생명체를 창조했다는 것이다. 이 창조자의 영적인 능력은 모든 생명체나 오로라와 같은 독특하고 장엄한 자연 현상 또는 특별한 영험한 장소 등에서 찾아볼 수 있고 깃들어 있다고 믿는다.

그리고 영적인 능력은 원주민들이 믿는 여러 종류의 영적인 존재들(transformers, tricksters, culture heroes, or other spirit figures)뿐만 아니라 원주민 전통 무속인과 예언자(prophet) 그리고 영적인 춤(spirit dance)과 같은 전통 의식을 공연하는 이들에게도 존재한다고 여겨진다. 이밖에 전통 의식에 동원되는 물품들이나 전통 의식이 진행되는 장소 등에도 영적인 능력이 깃들어 있다고 믿는다.

따라서 영적인 존재와 연결해 주는 무속인은 원주민 전통 신앙에서는 빼놓을 수 없는 중요한 요소로서, 치료 주술사(medicine man)

---

[2] Derek G. Smith, *Religion and Spirituality of Indigenous Peoples in Canada*, The Canadian Encyclopedia, https://www.thecanadianencyclopedia.ca/en/article/religion-of-aboriginal-people.

이자 예언자와 점쟁이, 원주민 전통과 신화의 관리자 그리고 전통 의식의 집행자로 여겨진다.³ 오늘날에도 치료 주술사에 의한 치료 의식이 실행되고 있는데 심지어는 암도 치료 주술사가 주관하는 전통 방법으로 치유됐다는 주장도 있다.⁴

참고로 원주민의 신앙관 가운데 특별히 창조자 신앙은 세계의 창조자라는 점에서 기독교의 하나님과 매우 닮은 것을 볼 수 있는데 이와 관련해 원주민들은 이렇게 푸념을 한 적이 있다:

> 이미 창조신을 믿고 있기에 이 창조신의 아들이 예수님이고, 예수님을 통해서만 구원을 얻을 수 있다는 복음으로 바로 들어가면 되는데, 여름 성경 학교에서 선생님들이 원주민 아이들에게 굳이 창조신이 있다는 것을 가르치기 위해 온종일 설명하고 불쌍한 원주민 아이들은 이 지루한 내용을 온종일 들어야만 했다.

실제로 필자 역시 원주민 장례식이나 결혼식 때 하나님을 굳이 창조주로 언급함으로 원주민들이 믿는 창조자가 기독교의 하나님이라는 것을 은연중 증거 하기도 한다.

---

3   Derek G. Smith, *Religion and Spirituality of Indigenous Peoples in Canada*, The Canadian Encyclopedia, https://www.thecanadianencyclopedia.ca/en/article/religion-of-aboriginal-people.
4   Jody Porter, *Cancer cured by medicine man, First Nations man says*, CBC News, December 2, 2014, https://www.cbc.ca/news/canada/thunder-bay/cancer-cured-by-medicine-man-first-nations-man-says-1.2852376

제1부를 마무리하며

　제1부에서 살펴본 캐나다 원주민의 역사와 문화, 언어 등은 본래 체계적이며 건강한 공동체를 유지했을 뿐만 아니라 자기들만의 독특하고 고유한 문화를 가지고 전통을 지켜 나가는 종족이었으며, 때로는 당대의 강력한 국가인 영국의 든든한 동맹이기까지 했다는 사실을 보여 준다.

　따라서 오늘날에 원주민을 현재의 모습만으로 평가절하해서는 안되며 이들을 존중하고 이해해야 할 뿐만 아니라 원주민들의 삶을 망가뜨리는 데 앞장선 것은 다름 아닌 과거 교회들의 "어그러진 복음"이었기에 오늘날의 교회와 성도들은 캐나다 원주민들에게 '온전한 복음'을 다시 전할 의무가 있다고 생각한다.

　다음 제2부에서는 캐나다 원주민 선교의 역사를 통해 온전한 복음을 어떻게 효과적으로 전할 수 있을지 살펴보도록 하겠다.

제2부

캐나다 원주민 선교의 역사

제2부는 캐나다 원주민 선교의 역사를 다루고 있다. 많은 사람이 캐나다 원주민 선교의 역사가 무려 400년이 넘었다는 것을 간과하고 있지만, 한민족의 개신교 140년의 선교 역사보다 수배나 긴 역사를 가지고 있다. 그러나 아직도 수많은 원주민 공동체가 교회는 물론 목회자조차 없는 복음의 사각지대로 남아있다. 이는 분명 선교 역사에 있어 문제가 있었고, 개선되어야 할 점이 있다는 것이다.

따라서 이러한 캐나다 원주민 선교 역사를 크게 네 가지 시대, 즉 17세기 원주민 선교의 시작, 19세기 기숙 학교의 시대, 20세기 캐나다 오순절 교단과 복음주의 선교사들의 약진, 마지막으로 21세기 한인 교회의 선교로 각각 나누어 각 시기에 대한 비판적 성찰을 통해 오늘날의 원주민 선교 전략에 있어 배워야 할 것과 개선할 부분을 살펴보도록 할 것이다.

제1장

17세기 원주민 선교의 시작

1. 리-컬랙트 선교사들의 무지한 열정

1600년도 초반에 프랑스계 유럽인들이 오늘날의 캐나다 동부 지역의 원주민들과 교류하면서 자연스럽게 원주민에게 복음이 전파되기 시작했다. 특별히 원주민 선교에 관심이 많던 사무엘 데 샹플랭(Samuel de Champlain 1633-1635 뉴프랑스 식민지의 초대 총독이자 Acadia Colony의 설립자)이 1615년 본국으로부터 리-컬랙트 선교사 (Recollect Priest)들을 초청함으로 원주민 선교가 본격화된다.[1]

당시 유럽계 식민지 개척자들이 북미 원주민에 대해 바라보는 관점과 편견은 도시가 없는 사람들, 길과 다리가 없는 사람들, 정부와 법원이 없는 사람들, 문자도 없을 뿐만 아니라 문명화된 예

---

1   Jodie Adams, et al., 274.

1702년 북미 지도 - 오른쪽 상단에 아카디아(Acadia)라는 지역이 프랑스 식민지이며, 보스톤(Boston)을 시작으로 찰스타운(Charles Town)까지 대서양 연안에 인접한 지역은 영국령 그리고 플로리다(Florida)와 뉴스페인(New Spain)은 스페인령이었다.
출처: https://en.wikipedia.org/wiki/New_France

절도 없는 사람들이라는 것이었다.[2]

 이로 인해 리-컬랙트 선교사들 역시 원주민에게는 특별한 신앙과 영성이 없기에 쉽게 개종 될 수 있을 것이라는 편견을 갖게 되었고, 이에 원주민의 문화나 신앙에 대해 이해하려는 어떠한 노력도 없이 원주민 선교에 뛰어드는 우를 범하게 만든다.

---

2 Aaron Albert Mix Ross, *The Heavens Have Become a Highway: The Pentecostal Assemblies of Canada Northland Mission and the Indigenous Principle* (Ph.D. thesis, Wycliffe College, 2019), 34.

그 결과 리-컬랙트 선교사들은 열정적으로 원주민 선교에 임했지만 얼마 지나지 않아 이들의 사역은 실패를 맞게 되는데, 실패에 가장 큰 이유는 앞서 언급한 대로 원주민에 대한 이해가 전무한데서 시작했을 뿐만 아니라 이후로도 원주민들의 문화와 세계관을 이해하려는 노력이 없었기 때문이다.

다른 간접적인 이유는 사람들의 관심이 원주민 선교보다 원주민과의 무역으로 인한 이득에 초점이 맞춰지면서 선교를 위한 후원이 어렵게 되자 오래지 않아 결국 리-컬랙트 선교사들은 원주민에 대한 사역을 완전히 포기하게 된다.[3]

이와 같이 리-컬랙트 선교사들의 실패가 재정적인 후원이 충분히 뒷받침되지 못했기 때문이라고 생각한 사무엘 데 샹플랭은 좀 더 재정적으로 여유 있는 가톨릭교회의 예수회(The Jesuit Order)에 도움을 요청했으며, 1629년에 예수회 선교사들이 원주민 선교라는 소명을 위해 본격적으로 북미 땅에 발을 내딛게 된다.[4]

2. 예수회 선교사들의 겸손한 현지화

예수회 선교사들은 이전 리-컬랙트 선교사들과는 달리 본격적인 원주민 선교에 앞서 무엇보다 원주민들의 삶과 신앙을 이해하고 이

---

3   Jodie Adams, et al., 274.
4   Ibid., 35.

원주민에게 복음을 전하는 예수회 선교사. 자크 마르케트 신부(Father Jacques Marquette).
출처: http://scihi.org/jolliet-marquette-expedition-upper-mississippi/

를 통해 원주민 신앙과 기독교 신앙과의 공통점을 찾아 원주민들이 더욱 쉽게 복음을 받아드릴 수 있도록 하는 것에 초점을 두었다.[5]

　예수회 선교사들은 원주민들과 함께 살면서 그들의 언어를 배워 원주민의 언어로 찬송가와 기독교 문서 등을 번역했으며, 원주민 문화에 대한 존중의 표현으로 원주민이 개종한 이후에도 그들의 전통을 유지할 수 있도록 배려하는 선교 정책을 폈다.[6]

5　Ibid., 275.
6　김신호, 「한국 교회에 영향을 미친 미국교회사」 (서울: 레어 출판사, 2020), 39.

또한, 예수회 선교사들은 선교 단지(Mission Station)를 세워 희망하는 원주민들은 이곳으로 이주해 정착할 수 있도록 도왔는데 특별히 서양 문물이나 문화 등에 관심이 있는 원주민 아이들은 선교 학교로 초청해 식량과 의복 등을 제공하며 신앙과 함께 간단한 기술과 곡식 재배법 그리고 가축 사육법 등도 가르쳤다고 한다.[7]

예수회 선교사들의 원주민 문화를 이해하려는 겸손함과 열정 그리고 선교 단지와 선교 학교라는 선교 전략을 통해 오대호(The Great Lakes; Ontario, Erie, Huron, Michigan, Superior)와 현재의 퀘벡주에 해당하는 지역에서 무려 6만여 명에 달하는 원주민들이 회심하는 기적이 일어났다.

이러한 성공에 힘입어 1630년에는 스물다섯 개의 선교 단지가 세워졌고 오십여 명의 예수회 신부가 선교 단지에서 사역했다.[8] 하지만 안타깝게도 이러한 성공은 오래 유지되지 못했는데 그 이유는 무엇보다 원주민 개종자가 교회의 지도자가 되는 것을 막고 계속해서 선교사들이 이끌어가는 제도를 유지했기 때문이었다.[9]

---

7 Ibid., 39.
8 Ibid.
9 Ibid., 40.

3. 17세기 원주민 선교를 통한 성찰

17세기 캐나다 원주민 선교 역사를 정리하면 크게 세 가지 키워드로 정리할 수 있다.

첫째, '현지화'(Contextualization)이다.

17세기에 두 그룹이 원주민 선교에 발을 내디뎠는데 한 그룹의 실패는 바로 이 현지화를 등한시했기 때문이며, 다른 그룹의 성공은 이 현지화를 우선순위에 두었기 때문이다. 복음을 전하기 위해서는 무엇보다 현지화가 되어 전도 대상자와 함께하고 그들을 이해하는 것이 필요하다.

예수님도 복음의 기쁜 소식을 전하기 위해 가장 먼저 행하신 것이 바로 성육신으로 하늘 영광을 버리고 인간 중에 거하시며 인간의 마음을 이해하시고 위로하셨다. 그리고 인간의 모습으로 십자가에 못 박히심으로 예수 그리스도를 믿고 따르는 성도들에게 성도로 사는 삶의 길을 보여 주셨다. 이러한 현지화의 중요성에 대해 권영수 선교사는 다음과 같이 말한다.

> 우리는 한국인으로 태어났다. 그러기에 한국인으로 사는 것이 지극히 당연한 것이다. 그러나 한국인으로서 한국을 벗어나 다른 세계를 위한 봉사를 하려는 선교사는 반드시 그 문화속으로 들어가야만 더욱 효율적인 선교를 할 수 있다고 생각한다. 단순히 선교가

아니라 그 지역에서 살려고 한다면 그 지역의 문화를 배우고 이해하고 감사하지 않으면 안 된다. 이는 그 문화가 베푸는 생명력의 풍성함을 문화의 벽 밖에서는 자기 것으로 경험하거나 만들 수 없기 때문이다.[10]

둘째, 다음 세대를 대상으로 한 '교육 선교'이다.

오늘날에 정립된 선교 신학에서도 선교의 핵심은 어린아이들을 대상으로 하는 교육 선교라고 강조하며, 그 필요성과 효과는 어떤 선교 전략보다 크다고 하는데[11] 바로 이 선교 학교를 통한 교육 사역이 그 증거라고 할 수 있다.

셋째, '현지 지도자의 부재'이다.

17세기 원주민 선교에 있어 가장 아쉬운 점은 현지 지도자를 세우지 않은 것이다. 이에 대해 이영 선교사는 "지속적인 선교를 위해서는 현지 지도자를 세워 그들이 직접 그들 나라의 복음화를 위해 일하도록 해야 한다"고 역설한다.[12]

10　권영수, 『한국 교회 해외 선교의 선구자들: 언더우드 선교상 수상자 7인의 선교 이야기』, 연세대학교 언더우드기념 사업회(서울: 신앙과 지성사, 2016), 38.
11　이영, 289.
12　Ibid., 255.

제2장

19세기 기숙 학교의 시대

　캐나다 원주민 기숙 학교 제도는 서구 문명과 가치관을 지니도록 원주민 아이들을 교육시킨다는 미명하에 공동체와 가족으로부터 아이들을 강제적으로 분리하기 위해 캐나다 정부가 만들었다.
　1831년 성공회교회에서 온타리오주에 설립한 모학기숙학교(Mohawk Institute)가 첫 번째 기숙 학교이며, 이후 1892년 캐나다 정부가 교회들에 기숙 학교 설립과 운영을 공식적으로 허가함으로 본격적인 암흑의 시대가 열리게 된다.
　어떠한 선택의 여지도 없이 원주민 아이들은 기숙 학교에 끌려가게 되는데 일부는 도망치기도 했지만 대개 다시 붙잡혀 기숙 학교로 보내졌으며, 기숙 학교 생존자들의 증언에 따르면 이렇게 기숙 학교에 끌려간 아이들은 신체적, 정신적, 심지어는 성적 학대를 받았다고 한다.

그뿐만 아니라 열악한 환경 가운데 많은 아이가 죽거나 실종되었으며, 기숙 학교를 무사히 졸업했다 하더라도 생존자들은 끔찍한 경험으로 인한 트라우마로 평생을 우울증, 절망감 그리고 정서적 불안으로부터 고통을 받았다고 한다.

성공회교회에서 운영하던 사시케치원주에 있던 고든 기숙 학교(Gorden Residential School)가 마지막 기숙 학교로서 1996년 폐교되었지만, 여전히 원주민 사회는 이 기숙 학교의 끔찍한 영향으로 고통받고 있다.[1]

1. 기숙 학교 제도의 탄생 배경

19세기 중엽 영국 정부는 두 개의 위원회를 만들어 원주민 문명화에 대한 그동안의 노력과 성과들을 검토하게 했는데, 두 위원회 모두 그간의 노력은 실패했으며, 원주민들을 그저 반쪽짜리 문명인으로 만든 것이 최고의 결과였다는 보고서를 제출한다.

두 위원회 중 1842년에 총독 찰스 바갓(Sir Charles Bagot)의 주도로 설립된 바갓위원회(The Bagot Commission)는 보고서에 원주민 아이들의 교육을 위해 이들이 속한 공동체를 떠나 기숙 학교에서 교육받는 것이 더 효과적이라는 권고 사항 하나를 추가하는데,

---

1   Jodie Adams, et al., 23

1831년 성공회교회에서 온타리오주에 설립한 첫 번째 기숙 학교. Mohawk Institute.
출처: https://collections.irshdc.ubc.ca/index.php/Detail/entities/1146

바갓위원회의 권고 사항은 원주민 기숙 학교 제도의 틀을 만드는 매우 중요한 기폭제가 된다.[2]

그 당시, 성공적인 문명화라는 것은 원주민들이 서구인의 경제 관념, 특히 땅에 대한 개인의 소유권과 땅을 이용한 소득의 창출이라는 개념을 받아들이는 것으로 이해되었다. 그러나 원주민들은 땅의 소유권에 관한 서구적인 관념을 받아들이지 않았고 유럽인들에게 땅을 판매하지 않았다.

때문에 1857년 영국 정부는 특단의 조처를 하게 된다. 범죄에 연루되지 않았고, 영어를 읽고 쓸 줄 알며 빚이 없는 21세 이상 모든 원주민 남성 중 자신이 속한 부족의 부족원으로서 지위와 땅에 대한 권리를 포기하면 그 대가로 50에이커에 달하는 땅과 유럽계 정착민들과 똑같은 혜택을 부여하는 '원주민의 점진적인 문명화를 장려하는 법'(The Act Encourage the Gradual Civilization of the

---

2   Ibid., 26

REPORT

ON THE

AFFAIRS OF THE INDIANS IN CANADA,

LAID BEFORE THE LEGISLATIVE ASSEMBLY,

20TH MARCH, 1845.

PROVINCE OF CANADA.

By His Excellency the Right Honourable Sir CHARLES BAGOT, G. C. B., one of Her Majesty's Most Honourable Privy Council, Governor General of British North America, and Captain General and Governor in Chief in and over the Provinces o Canada, Nova Scotia, New Brunswick, and the Island of Prince Edward, and Vice Admiral of the same, &c. &c. &c.

To Rawson William Rawson, John Davidson, and William Hepburn, Esquires,—GREETING:

Know ye, that I, reposing trust and confidence in your loyalty, integrity, and ability, have constituted and appointed, and by these presents do constitute and appoint you, the said Rawson William Rawson, John Davidson, and William Hepburn, to be the Commissioners to inquire into the application of the annual grant of money made by the Parliament of the United Kingdom of Great Britain and Ireland for the benefit of the Indians in this Province, together with such other matters connected with the Affairs of the Indians residing in or visiting Canada, as have come, or you shall consider right to bring under the cognizance of the Provincial Government, and to report to me upon the said several matters, and whether in your opinion any change should be made in the manner of conducting the business of the Indian Department, or in the application of the funds placed at its disposal; hereby charging and commanding all persons to be aiding and assisting you, as Commissioners aforesaid, in the performance of the duties by this Commission assigned to you: And know ye further, that I do hereby give full power and authority to you as Commissioners as aforesaid to call before you all and every such person and persons as you may think proper, and to send for and examine all such papers, records, and documents, of every description, as you shall judge necessary, with a view to obtain such information as you may deem requisite for your guidance and assistance in investigating the several matters and things as aforesaid.

Given under my Hand and Seal, at Kingston, this tenth day of October, in the year of our Lord one thousand eight hundred and forty-two, and in the sixth year of Her Majesty's Reign.

(Signed)   CHARLES BAGOT.

By Command,

(Signed)
S. B. HARRISON,
Secretary.

기숙 학교 제도의 틀을 만드는데 기폭제가 된 바갓위원회(The Bagat Commission)의 보고서. 출처에 가면 전문을 읽을 수 있다.
출처: https://collections.irshdc.ubc.ca/index.php/Detail/objects/9431

Indian Tribes in the Province)을 제정하는 것이었다.[3]

이 역시 원주민들을 문명화시키기 위한 노력 중의 하나였고, 실제로 많은 젊은 원주민이 자기들이 소속된 공동체를 떠나게 되었다. 원주민 지도자들은 "원주민들을 갈가리 분열시키는 악법"이라며 정부를 향해 분노를 터뜨렸고, 영국 정부는 대대적인 원주민 지도자들의 항의와 더불어 정부의 정책에 어떠한 것도 협조하지 않겠다는 문제에 직면하게 된다.[4]

이때 캐나다는 영국으로부터 독립하는 과도기였는데, 이러한 원주민 지도자들의 모습을 보며 영국과 캐나다 당국자들은 원주민들의 자치권이 원주민들의 문명화에 가장 큰 걸림돌이라는 생각을 공유하게 되었다. 그 결과 1867년 영국 정부는 캐나다의 독립을 인정하는 것과 더불어 캐나다 정부가 원주민과 그들의 땅에 관한 권리를 제한할 수 있는 권한을 승인하게 된다.

이후 캐나다 정부는 원주민들의 땅과 자치 정부 그리고 원주민 공동체와 개인의 삶까지 제안할 수 있는 법인 원주민 선진화법 (The Indian Advancement Act, 1884년 제정)과 함께 이와 유사한 수많은 법을 제정하게 되었다. 이는 큰 그림에서 원주민 기숙 학교 제도를 위한 준비 작업이었다고 볼 수 있다.

1879년 초대 캐나다 총리였던 존 A. 맥도날드(John A. Macdonald)는 문명화를 위해 원주민 아이들을 부모와 공동체로부터 떨어뜨

---

3   Ibid., 27.
4   Ibid., 28.

1892년 미국 미네소타 지역의 White Earth 원주민 보호 구역에 개교한 원주민 기숙 학교.
출처: https://www.mprnews.org/story/2021/10/26/a-reckoning-monastic-order-apologizes-for-native-boarding-school

려 놓기 위한 실제적인 방안을 모색하기 위해 기자이자 변호사인 니콜라스 다빈(Nicholas Flood Davin)에게 '미국의 원주민 기숙 학교 제도'(Indian boarding school system)를 조사해 볼 것을 의뢰한다.[5]

니콜라스는 미국의 인디언 학교를 방문해 교장과 선생님들 그리고 학생들을 비롯해 체로키부족의 지도자들과의 만남에서 주간 학교(Day School)에 대한 그들의 호의적인 반응을 경험하게 된다. 하지만 그가 보기에 이러한 주간 학교는 원주민들을 완전히 서구 문명화시키려는 관점에서 판단하면 부족한 실패한 제도였다.

5 Ibid.

그러던 중 화이트 어스(White Earth 오늘날의 미네소타)에서 새롭게 시행되는 직업 기숙 학교(Industrial Boarding Schools)를 소개받게 되는데, 이곳은 원주민 아이들이 노동 기술을 배우는 학교였지만 아이들이 어릴 수록 그리고 기간이 오래될 수록, 더욱 쉽게 자기 문화와 원주민으로서의 정체성과 소속감을 잊어버리게 되어 서구인들이 바라는 문명화가 더욱 효과적으로 이루어진다는 소식을 접하게 된다.[6]

이후 니콜라스는 바로 위니펙의 타치 주교(Bishop Tache) 등 가톨릭 교회의 고위 사제들을 만나 기숙 학교를 캐나다에서 실행하는 방법을 함께 모색하고 맥도널드 총리에게 교회와 정부가 함께 기숙 학교를 운영해야 하는 두 가지 이유를 제시한 보고서를 제출한다.

첫째, 정부가 홀로 모든 기숙학교에 대한 책임을 담당하기에는 재정적으로 부담이 되기 때문이다.
둘째, 원주민 아이들이 자기 문화와 소속감 등을 잊어버리게 되면 더 나은 기독교(Christianity)라는 고등 문화와 소속감으로 채워 줘야 할 필요성이 있기 때문이라는 것이다.

이러한 보고서를 통해 기숙 학교 제도가 구체화 되어가기 시작했는데, 이때 이미 캐나다에는 첫 번째 기숙 학교인 모학기숙학

---

6   Ibid., 29.

1920년 모든 원주민 아이들은 기숙 학교에 반드시 가야 한다고 인디언 법이 개정된 뒤 원주민 마을에서 연방 경찰과 성직자들이 아이들을 강제로 데려가는 모습을 그린 그림(Painting by Kent Monkman). 출처: http://www.danielnpaul.com/IndianResidentialSchools.html

교(Mohawk Institute) 이후 위크웨미콩(Wikwemikong)과 마운트엘긴(Mount Elgin) 그리고 싱와크(Shingwauk) 이렇게 세 개의 원주민 노동 기술 학교가 온타리오주에 추가로 세워져 운영되고 있었다.[7]

이후 캐나다에는 원주민의 문명화라는 목적을 위해 많은 학교가 세워져 기숙 학교(Residential School) 이외에도 종교 학교(Religious School), 노동 기술 학교(Manual Labour Schools), 직업 학교(Industrial

---

7   Ibid., 29.

Schools) 그리고 주간 학교(Day Schools) 등 여러 종류의 다양한 이름으로 운영되었다.

그리고 1920년에 캐나다 원주민에 관한 법인 인디언 법이 새롭게 개정되는데 그것은 다름 아닌 학교 갈 나이의 모든 원주민 아이들은 부모의 동의와 상관없이 반드시 기숙 학교에 가야만 한다는 것과 원주민들의 신분을 임의로 정부가 바꿀 수 있다는 것이었다.

한마디로 자치권을 가지고 있는 원주민 부족의 아이들이라 할지라도 모두 기숙 학교를 가야만 했으며, 아이들이 오랫동안 자기의 공동체와 가족에게서 떨어져 있게 되면서 완전한 서구 문명화로 원주민이라는 정체성을 잃을 뿐만 아니라 자연스럽게 원주민 신분도 잃게 됨을 의미했다.[8]

캐나다가 영국으로 독립하기 이전에는 원주민 아이들에 대한 교육은 일찍이 영국과 원주민 사이에 맺어진 협약을 기본으로 협의가 이루어져 결정되었다. 본래 원주민들이 맺은 협약은 원주민 아이들이 원주민 문화를 기반으로 빠르게 변화하는 경제와 정치에 대해 교육받도록 한 것이다.

하지만 식민 정부에서 가지고 있던 교육에 대한 관점은 매우 다른 것으로 교육을 통해 원주민들의 통제권과 땅을 빼앗고, 그들을 서구 문명과 기독교 문화로 이전시키는 것이었다.[9]

---

8   Ibid., 31.
9   Ibid., 32.

2. 기숙 학교 운영에 참여한 교회들

캐나다가 영국으로부터 독립한 뒤 캐나다 정부는 공식적으로 원주민 기숙 학교를 제도화하며 교육이라고 표명했지만 실제로는 이를 통해 이전 식민 정부 때의 목표들을 성취하려는 계략이었다. 기숙 학교는 캐나다 정부의 주도 아래 전성기 때는 캐나다 전역에 무려 팔십 개가 넘는 기숙 학교들이 같은 시기에 가톨릭(Catholic), 성공회(Anglican), 장로교(Presbyterian) 그리고 연합교단(The United Church, 감리교의 후신) 교회들에 의해 운영되었다.[10]

기록에 따르면 보통 네 살부터 열여섯 살 사이에 있는 모든 연령층의 원주민 아이는 강제로 기숙 학교에 들어가게 되어 있으며, 뉴브런스윅(New Brunswick)주와 프린스에드워드(Prince Edward)주를 제외한 모든 주에서 이러한 기숙 학교가 운영되었다.

뉴펀드랜드(Newfoundland)주에서도 기숙 학교가 있었는데 모라비안교회(초창기에 탄생한 개신교회중에 하나)와 국제그렌펠협회(The International Grenfell Association)가 공동으로 설립해 대체로 북극권에 거주하는 이누잇 부족의 아이들을 대상으로 운영되었다.

오늘날 캐나다 정부에서는 1870년부터 1996년 사이에 약 15만여 명의 원주민 아이들이 기숙 학교에 다녔다고 추산하고 있지만 실제로는 훨씬 더 많으리라는 것이 일반적인 사실이다.[11]

---

10 Ibid., 32, 34.
11 Ibid., 32.

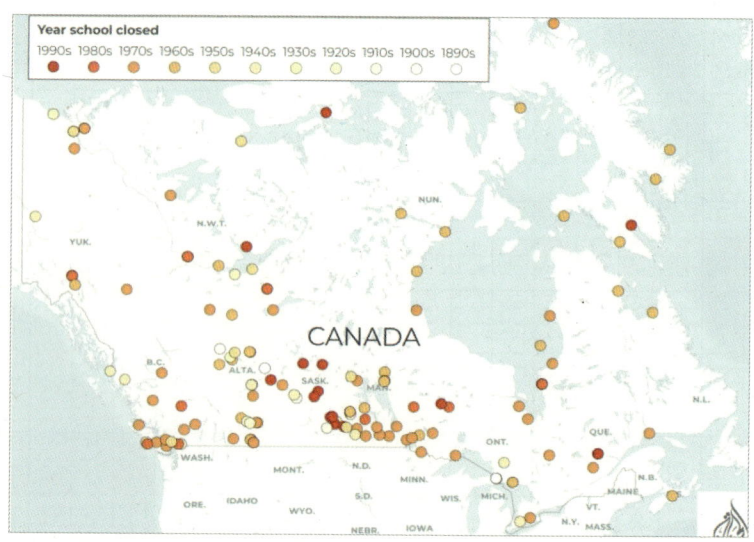

캐나다 전역에 있었던 원주민 기숙 학교의 위치.
출처: https://www.aljazeera.com/news/2022/4/6/canada-the-pope-apologised-for-residential-school-abuses-what-next#:~:text=Canada%20%E2%80%93%20Less%20than%20a%20week,attend%20across%20Canada%20for%20decades.

    기숙 학교 운영에 주도적으로 참여한 것은 가톨릭교회로서 캐나다 전역에 있는 기숙 학교 중 무려 60퍼센트의 학교가 가톨릭교회에 의해 운영되었는데 특별히 수도사들(Oblates of Mary)이 소명을 가지고 기숙 학교 운영을 담당했으며 수녀들이 수도사들을 보조했다.[12] 2022년 4월 1일 가톨릭교회의 수장으로선 처음으로 프란시스(Francis) 교황이 기숙 학교에서 벌어진 학대 등에 대해 사과했다.[13]

---

[12] Ibid., 36.
[13] Brandi Morin, *The Pope Apologiesed for Residential School Abuses. What Next?*, Aljazeera, Apr 6, 2022, https://www.aljazeera.com/news/2022/4/6/cana-

성공회교회(Anglican Church of Canada)는 1820년부터 1969년까지 서른여섯 개의 학교를 운영했으며 주로 캐나다 북쪽 지역에 자리 잡고 있다. 성공회교회에서 운영한 기숙 학교의 특징은 농사나 요리 같은 직업 교육에 중점을 두고 또 졸업을 위한 조건으로 8학년까지의 교육을 이수하는 것이었다. 1993년 8월 6일 마이클 피어스(Michael Peers) 대주교는 과거 기숙 학교에 있었던 사건들에 대해 공식적으로 사과하며 지금까지 화해(Reconciliation)를 위해 노력하고 있다.[14]

캐나다 감리교의 후신인 연합교회(The United Church)는 1849년부터 1969년 사이에 열다섯 개의 기숙 학교를 운영했으며, 대략 6.5퍼센트에 해당하는 원주민 아이들이 연합교회에서 운영하는 기숙 학교에 다녔었던 것으로 추측된다.

이후 수많은 기숙 학교 생존자들로부터 소송을 당하자 1986년 연합 교단의 교무 총회(General Council)가 원주민 성도들을 상대로 사과문을 발표하고, 1998년 모든 기숙 학교 학생과 그 가족 그리고 공동체를 대상으로 공식적으로 사과하였다. 2008년부터 연합교회는 치유를 위한 재정 지원 등 여러 가지 프로그램을 통해 적극적으로 원주민과의 화해를 위해 노력하고 있다.[15]

---

　　da-the-pope-apologised-for-residential-school-abuses-what-next#:~:text=-Canada%20%E2%80%93%20Less%20than%20a%20week,attend%20across%20Canada%20for%20decades.
14　Jodie Adams, et al., 37.
15　Ibid., 38.

기숙 학교에서 가톨릭교회 사제와 원주민 아이들(Catholic priests with students at the St. Michael's Indian Residential School in Duck Lake, Northwest Territories, now Saskatchewan, Canada).
출처: https://abcnews.go.com/International/recently-discovered-unmarked-indigenous-graves-canada-nears-1000/story?id=78472829

 캐나다장로교회(The Presbyterian Church of Canada)는 1884년부터 1969년까지 다섯 개의 주간 학교, 여덟 개의 기숙 학교 그리고 한 개의 직업 학교를 운영했으며, 대부분의 학교는 중부 대평원 지역에 집중되었고, 두 개의 학교가 브리티시컬럼비아주에 그리고 한 개가 온타리오주에 있었다.[16] 1994년 기숙 학교 운영에 대해 장로교회는 공식적으로 인정하고 원주민들과 함께 회복과 치유를 위해 노력할 것을 밝혔다.[17]

---

16 Ibid.
17 The Presbyterian Church in Canada, *Healing & Reconciliation*, https://presbyterian.ca/healing/

3. 기숙 학교의 생활환경

기숙 학교에서는 매우 엄격한 일과가 적용되었는데 교육 내용 대부분은 종교적인 교육이 차지했다. 하지만 모든 교육의 목표는 복음화가 아니라 서구 문명화였고, 그나마 대부분의 교사가 전문 교육을 받지 못해 교육 내용이 매우 부실했다. 1951년도에 마운트엘긴기숙학교(Mount Elgin School)의 일과표를 살펴보면 다음과 같다.[18]

05:00-05:30	기상 벨과 함께 기상, 씻고 옷 입기
05:30-06:00	아침 식사와 기도 시간
06:00-09:00	남자아이들은 농장에 나가서 일하고 여자아이들은 기숙사에 머문다
09:00-12:00	학교 수업 시간
12:00-13:00	점심과 오락 시간
13:00-13:30	학교 수업 시간
13:30-18:00	농장에서 일하는 시간
18:00-21:00	저녁 식사와 기도 시간 겨울철 야간 시간에 남자아이들은 야간 수업을 하고 여자아이들은 바느질을 배움
21:00	취침 시간

---

18 Jodie Adams, et al., 47.

기숙 학교에서 원주민 아이들이 취침 전에 강제로 기도하고 있는 장면.
출처: https://indiancountrytoday.com/opinion/stolen-souls-and-broken-promises-boarding-schools-are-a-continuing-crisis-of-colonialism

많은 원주민 아이가 기숙 학교에서 목숨을 잃었는데 그 이유는 주로 비위생적인 생활 환경, 불충분한 음식, 열악한 건강 관리, 결핵 그리고 서양으로부터 유입된 각종 전염병 때문이었다. 그리고 아프다고 하더라도 전문적인 치료도 받지 못한 채 방치되었다.

문제는 캐나다 정부에서 원주민 아이들의 이러한 죽음을 알고 있었음에도 방관하고 어떠한 안전 대책을 세우지 않았다는 것이다.[19] 이러한 정부와 기숙 학교 교사들의 방치와 방관으로 1910년부터

---

19 Ibid., 48.

기숙 학교에서 원주민 아이들이 식사하는 장면.
출처: https://earthtotables.org/wp-content/uploads/2020/05/mushhole-featured-new-1920.jpg

수십 년 동안 수천 명의 아이가 폐결핵으로 인해 죽게 되었고, 기숙 학교는 이러한 폐결핵을 번식시키는 번식장과 같았다고 한다.[20]

또한, 캐나다 정부는 재정적으로 충분한 지원을 하지 않아 기숙 학교에서는 늘 식량이 부족했으며 영양실조와 극심한 굶주림 때문에 아이들이 더욱 쉽게 질병에 노출되고 죽음에 이르게 되었

---

20 CBC News, *At least 3,000 died in residential schools, reserach shows*, Feb 18, 2013, https://www.cbc.ca/news/canada/at-least-3-000-died-in-residential-schools-research-shows-1.1310894#:~:text=For%20decades%20starting%20in%20about,%22Dormitories%20were%20incubation%20wards.%22

751개의 유골이 발견된 옛 기숙 학교터를 원주민 가족이 걷고 있다. Marieval Indian Residential School site on Cowessess First Nation, Saskatchewan).
출처: https://abcnews.go.com/International/recently-discovered-unmarked-indigenous-graves-canada-nears-1000/story?id=78472829

다. 그뿐만 아니라 1942년부터 1952년 사이에는 기숙 학교에 있는 원주민 아이들을 대상으로 비윤리적인 의학 실험이 이루어지기도 했는데 대부분은 영양소 결핍에 관한 실험이었다고 한다.[21]

이러한 이유로 원주민 학교에 끌려갔던 아이들 중 공식적으로 확인된 것만 해도 최소 4천여 명의 아이들이 생명을 잃었다고 한다. 하지만 오늘날까지 부모들은 자녀들의 죽음을 통보 받지 못한 경우가 태반이다. 이 밖에도 수많은 아이가 집으로 돌아오지 않았

---

21 Jodie Adams, et al., 49.

기에 실제로 몇 명의 아이가 목숨을 잃었는지는 알 수 없다.

이렇게 기숙학교에서 죽은 아이들은 대개 학교터나 공동묘지에 묻었으나, 학교 측에서는 사인을 기록하거나 부모에게 통보조차 하지 않았다. 더우기 1920년대부터는 아이들이 기하급수적으로 죽음을 맞이하게 되자 사망 사실조차 기록하지 않았다. 학교가 폐교되었을 때는 아이들이 그 자리에 묻혔다는 사실도 아무도 모른 채 버려졌다.[22]

이러한 역사적 배경으로 인해 오늘날 옛 기숙 학교터에서는 수천 구의 어린이 유골이 계속해서 발견되고 있다.[23]

4. 잃어버린 세대

1950년대 후반부터 1980년대 초반까지 많은 수의 원주민 아이가 자기 부족이나 가족으로 떨어져 원주민이 아닌 가족에게 입양되는 60년대의 특종 기사(The Sixties Scoop)로 불리는 사건이 발생하는데, 이때 입양된 원주민 아이들을 잃어버린 세대

22　Ibid., 50.
23　The Economist, *What happened at residential schools for indigenous children in North America?*, July 26, 2021, https://www.economist.com/the-economist-explains/2021/07/26/what-happened-at-residential-schools-for-indigenous-children-in-north-america

원주민 아이들이 무분별하게 위탁가정으로 보내지는 것에 대한 원주민들의 시위(Posters protesting Canada's sesquicentennial celebrations in Toronto on July 31, 2017).
출처: https://theconversation.com/indigenous-child-welfare-is-grounded-in-community-and-childrens-needs-152875

(Lost Generations)라고 부른다.[24]

제2차 세계 대전 이후 캐나다 연방 정부는 기숙 학교의 운영권을 교회로부터 인수하기 시작했다. 그리고 연방 정부로 이전 된 대부분의 기숙 학교는 어린이 보호소와 같은 시설이 되었다.

이를 운영하기 위해 캐나다 정부는 사회 복지와 관련된 인력과 부서를 급속도로 성장시켰다.[25] 그리고 가중되는 원주민 아이들 관리에 대한 책임을 나누기 위해 1951년 원주민에 관한 기본법인 인디언 법을 개정해 지방 정부들이 직접 원주민 보호 구역에 의료 서비스, 사회 복지 그리고 교육 서비스를 제공할 수 있는 권

---

24 Jodie Adams, et al., 61.
25 Ibid., 62.

한을 부여했다.

당시 연방 차원이나 원주민 부족 차원에서의 지침이나 제도의 부재로 각 주 별로 나름의 기준을 만들었는데 원주민 아이들의 생활 환경이 그 기준에 미달이 되면 원주민 공동체의 상황이나 문화는 고려하지 않은 채 바로 위탁 가정에 보내졌다.[26]

그 결과 십 년도 되지 않아, 브리티시컬럼비아주 같은 경우에는 위탁 가정에 맡겨진 아이 중 3분의 1이 원주민 아이들이었으며, 다른 주도 이와 별반 다르지 않았다.

1960년대 들어서는 이렇게 위탁 가정에 보내진 아이가 입양을 가게 되는데 문제는 아이들의 가족이나 부족에서는 이 사실을 알지 못했다는 것이다.

이러한 관점에서 아동 복지 제도는 기숙 학교 제도를 계속해서 답습하는 또 다른 형태였으며, 대부분의 아이는 캐나다 내에 있는 가정에 입양되었지만, 일부는 미국이나 해외로 팔려 나갔다고 한다. 이 당시에 약 3분의 1에 해당하는 원주민 아이가 가족을 떠나 입양이 된 것으로 추측된다.[27]

이후로 많은 부분에서 개선이 있었지만, 2002년에도 2만 2천 5백여 명의 원주민 아이가 위탁가정에 있었다는 조사 결과가 있었으며,[28] 오늘날에도 여전히 원주민 아이들이 위탁가정에 보내지

---

26 Ibid., 63.
27 Ibid.
28 Ibid., 66.

는 경우가 많아 아이를 찾아올 수 있도록 원주민 할머니들이 종종 필자에게 도움을 요청하기도 한다.

5. 19세기 원주민 선교를 통한 성찰

이런 역사적인 배경으로 인해 오늘날 원주민 대부분은 성경과 예수님을 알게 되었지만, 이들에게 이 복음은 결코 좋은 소식이 아니었기에 이후로 원주민이 기독교와 교회를 적대하게 되었으며, 현재의 참담한 원주민들의 상태를 초래하는 근본적인 원인이 된다. 이러한 기숙 학교 시대는 두 가지의 교훈을 주고 있다.

첫째, 교육 선교 자체가 잘못된 것이 아니라 방법론이 문제였다. 기숙 학교 실패의 원인은 바로 성경적인 가치관의 교육과 현지 지도자 양성을 중요 목표로 하지 않고 오로지 현지인들의 문화 수준을 높이며 문화가 곧 기독교화의 첩경임을 전제하고 교육 선교를 진행했기 때문이다. 이는 이러한 복음이 중심이 아닌 잘못된 방향은 토착민의 가치 체계를 일시에 붕괴시키므로 선교에 부작용을 초래할 수밖에 없었다는 것이다.[29]

---

29 김성태, 『세계 선교 전략사』, (서울: 생명의말씀사. 1994), 33.

둘째, 다음 세대에 대한 성공적인 사역은 그 나라와 세계 복음화에 직결되는 결과를 가져올 정도로 강력한 영향력을 미친다.[30] 이 실패한 교육 선교는 반대로 교육이 잘못되었을 때 하나의 민족이 얼마만큼 망가질 수 있는지, 얼마나 강력한 재앙적인 결과를 초래하는지를 보여줌으로 다음 세대에 대한 올바른 교육 선교의 중요성과 그 영향력을 다시 한번 증명하고 있다.

---

30 서정운, 『교회와 선교』, (서울: 두란노, 1995), 217.

제3장
20세기 캐나다 오순절교단과 복음주의 선교사들의 약진

1. 캐나다 오순절교단의 탄생과 원주민 선교에 대한 방침

1919년에 설립된 캐나다 오순절교단은 오늘날 캐나다에서 가장 큰 복음주의(Evangelical)교단일 뿐만 아니라 20세기 말부터 21세기 초반까지 캐나다 원주민 사회에서도 가장 빨리 성장하는 종교 단체이기도 하다.[1]

오순절교단은 탄생 때부터 캐나다 원주민 선교에 지대한 관심을 두었으며, 전통 교단들과는 다른 선교 전략을 취했는데, 이는 원주민 스스로 운영과 자립이 가능한 교회를 세워야 한다는 원칙을 세우고 원주민 선교에 임한 것으로, 이러한 교단의 방침은

---

1   Aaron Albert Mix Ross, 261.

1939년 매니토바주 위니펙에 위치한 갈보리 성전 모습(Calvary Temple, Winnipeg).
출처: http://www.mhs.mb.ca/docs/sites/calvarytemple.shtml

1932년에 개정된 교단 헌법에 다음과 같이 잘 명시되어 있다.

> 어디든 선교 현장에서는 실행 가능하고 현실적일 경우, 자립적인 원주민 교회를 세우기 위해 노력할 것이며, 처음부터 선교 현장에서의 각 사역은 최대한 자립적으로 이루어져야 한다.
>
> (Wherever foreign field it is workable and practical, our endeavor shall be to establish a self supporting native church and from the beginning each work on the foreign field should be made self supporting to the very limit possible)[2]

---

2 Ibid., 7.

선교사는 교단의 원칙을 따르기 위해 처음부터 개종한 원주민 성도들 사이에서 후임 지도자를 길러내어 원주민 성도들 스스로 교회를 운영하고 재정을 책임지며 선교를 후원할 수 있도록 준비시켰다. 한마디로 서구 문화가 더 우월하다는 편견을 갖거나 원주민 사회에 서구 문화를 적용하려는 노력보다는 오로지 원주민 문화를 있는 그대로 받아들여 스스로 자립과 운영을 할 수 있도록 교육했다.[3]

이러한 원칙은 기존 전통 교단이 그동안 해 오던 식민지 관습을 따르는 것이나, 또는 백인 중심주의의 선교를 지향했던 것으로부터 탈피해 오순절교단이 새로운 원주민 선교의 장을 열 수 있는 계기가 되었다.

2. 원주민 선교의 시작과 부흥기

오순절교단 내에서 원주민 선교에 처음으로 발을 내디딘 것은 바로 매니토바주 위니펙(Winnipeg)에 위치한 갈보리성전(Calvary Temple)으로 캐나다 오순절교단의 첫 번째 교회이자 교단이 설립되기 이전부터 존재했던 교회이다.

---

3   Ibid.

1907년 주변 원주민에게 복음을 전하는 것으로 원주민 선교를 시작하여 "어그러진 복음"이 아닌 '순전한 복음'을 갈망하는 수많은 원주민 성도가 갈보리성전으로 모여들었으며 심지어는 수백 킬로나 떨어진 캐나다 북부에서조차 예배를 참석하고자 개썰매나 기차를 타고 교회에 나왔다고 한다.[4]

1917년 오순절교단의 첫 번째 순수 원주민 교회로 메니토바주 피셔강(Fisher River) 유역에 크리 원주민 부족의 기도의집(The House of Prayer)교회가 세워졌으며, 1925년에는 월터 맥알리스터 목사(Walter McAlicter)가 사스케츠원주에 있는 미스타와시스부족(Mistawasis) 크리 원주민을 대상으로 선교를 시작하여 같은 해 선교의 열매로 온타리오주 오타와에서 있었던 원주민 선교에서 크리 원주민이 선교사로 동참하기에 이른다.

1930년대에는 오로지 모학(Mohawk) 원주민 성도로만 이루어진 오순절교회가 온타리오주 데서론토 마을(Deseronto)인근과 퀘벡주 카네사테이크 마을(Kanesatake)에 개척되며, 1939년에는 온타리오주 남쪽 브렌트 카운티(Brant County)에도 모학 원주민을 위한 작은 교회가 개척된다.[5]

1940년대 들어서는 중부에 치중되어 있었던 오순절교단의 원주민 선교가 브리티시컬럼비아주 태평양 연안에 사는 원주민들에게까지 확장되는데, 복음의 배 사역(Gospel Boat Ministry)이라는 이름으로 총

---
4   Mix Ross, 45.
5   Mix Ross, 48-9.

다섯 개의 배를 운영해 태평양 연안의 작은 섬에 사는 원주민들에게까지 복음을 전한 것이 서부 원주민 선교의 대표적인 예이다.[6]

1950년대 들어 복음의 배 사역을 통해, 밴쿠버섬을 비롯해 서부 연안에 있는 원주민 마을들에 최소 열두 개의 원주민 교회가 개척되었으며 한번에 3백여 명의 원주민이 세례를 받는 놀라운 부흥의 역사가 일어났다.[7]

현재 필자가 섬기고 있는 나나이모원주민교회(Nanaimo Native Victory Church) 역시 1960년에 개척되었고, 그 당시에 나나이모 원주민 마을에서만 수십여 명이 세례를 받고 매주 예배당이 가득 차 앉을 자리가 없을 정도였다고 한다.

서부 해안 지역 선교 사역이 성장하면서 현지 원주민 지도자 양성의 필요성이 절실해져 1967년 밴쿠버 캐나다 원주민 선교 단체(Mission for Canadian Natives in Vancouver)의 찰스 웨일리(Charles Whaley)에 의해 원주민을 위한 신학교인 웨스트코스트인디언오순절신학교(West Coast Indian Pentecostal Bible School)가 밴쿠버에 설립된다. 이 신학교의 특이점은 주로 원주민 어부들을 학생으로 모집했는데, 어업 비수기를 이용해 수업에 참여하게 했으며 첫해에만 여덟 명의 학생이 학교에 등록했다.[8]

---

6   Gloria Kulbeck, *What God Hath Wrought: A History of The Pentecostal Assemblies of Canada* (Toronto: PAOC, 1958), 192.
7   Mix Ross, 47.
8   Ibid.

1960년 북지선교 단체의 비행기. Cessna C172.
출처: Aaron Albert Mix Ross, "The Havens Have Become a Highway: The Pentecostal Assemblies of Canada Northland Mission and the Indigenous Principle" (Ph.D. thesis, Wycliffe College, 2019), 253.

이 무렵 캐나다 전역에 있는 퍼스트네이션스(First Nations), 이누잇 그리고 메이티스 이렇게 모든 원주민으로 오순절교단의 선교 사역이 확장되는데 북극권에서는 노스웨스트 준주 (Northwest Territories) 윌리암병원(H. H. Williams Memorial Hospital)을 중심으로 선교 사역이 진행되었으며, 제2차 세계 대전 후 간호원실(Nursing Station)로 시작해 1950년대 들어서 정식 병원으로 승인되었다.

이 지역은 켄 갯츠(Ken Gaetz) 선교사의 주도로 주변 이누잇과 퍼스트네이션스 원주민들을 대상으로 하는 순회 선교 사역이 진행되었는데, 마을들을 방문하기 위해 개 썰매 등을 이용했다고 한다. 북극권 원주민 선교를 지속하기 위해 열두 개 지역에 선교 센터를 세우고 오늘날의 툴리타(Tulita)라는 지역까지 진출하게 된다.[9]

---

9 Gloria Kulbeck, 192, 197.

북극권 선교 사역의 성장에 발맞춰 북극권에 있는 원주민 지도자들을 세우기 위해 목회자 양성 과정인 북극권 지도자 교육 과정(Sub-Arctic Leadership Training Program)을 시작하며, 특별히 이 지역에서는 부흥사를 통한 은사 집회가 선교 사역에 큰 영향을 미쳤다.[10]

1943년 비행기 조종사 출신 잔 스필레나(John Spillenaar) 선교사에 의해 설립된 원주민 선교 단체인 북지선교(The Northland Mission)는 오순절교단 원주민 선교 역사에 있어 가장 대표적인 사례 중 하나로 주로 매니토바주 허드슨베이, 온타리오주, 퀘벡주 그리고 노스웨스트 준주(Northwest Territories) 북극권의 일부 지역 원주민 마을을 순회하며 선교 사역을 감당했다.

이 선교 단체의 특징은 비행기를 이용한 순회 선교였다. 항공기를 이용하여 육로로는 닿을 수 없는 아주 깊은 오지에 있는 원주민들에게 복음을 전할 수 있게 되었다. 북지선교는 33년간 크리, 오지-크리(Oji-Cree) 그리고 오지브웨이(Ojibway) 원주민 부족들을 대상으로 선교 활동을 감당했으며, 이러한 노력으로 1960년경에는 온타리오주에만 대략 열다섯 개의 원주민 교회를 개척하고 관리했다.

또한, 이러한 오지에 있는 원주민 지도자들을 교육하며 오지 선교를 확장하기 위해 북지선교신학교(Northland Mission Bible College)를 설립하게 된다.[11]

---

10 Mix Ross, 48.
11 Ibid., 5-12.

1958년 캐나다 오순절교단에서 원주민 선교만을 전담하는 부서인 국내 선교부(Home Mission)의 지도. 이 지도에는 태평양 연안의 복음의 배 선교와 중부 지역의 항공기를 이용한 북지 선교가 잘 표현되어 있다. 출처: Aaron Albert Mix Ross, "The Havens Have Become a Highway: The Pentecostal Assemblies of Canada Northland Mission and the Indigenous Principle" (Ph.D. thesis, Wycliffe College, 2019), 253.

이러한 전국적인 원주민 사역의 성장을 목격한 연합 교단 소속 선교사이자 신학자였던 잔 웹스터 그랜트(John Webster Grant)는 "20세기 후반은 원주민 선교에 있어 최고의 해"[12]라고 말했으며, 캐나다 오순절 교단 역시 급속히 성장하는 원주민 선교를 위해 1958년 전담 부서인 국내 선교부(Department of Home Missions)를 신설하고 오늘날에도 온타리오주에서 운영 중인 원주민성경신학원(Aboriginal Bible Academy)과 같은 원주민 목회자들을 양성하기 위한 신학교들을 설립했다.[13]

---

[12] Mix Ross, 48.
[13] Ibid., 46-8.

퀘벡주 오제 보구무(Ouje-Bougoumou) 크리 원주민 부족 마을에 있는 오순절 교회
(Ouje-Bougoumou Cree Pentecostal Church).
출처: https://www.facebook.com/ojcpc/photos/?ref=page_internal

　원주민 선교의 급성장 뒤에는 오순절 교단 소속의 수많은 선교사와 목회자의 헌신이 뒤따랐는데, 이에 대해 오순절 교단의 역사학자인 글로리아 쿨벡(Gloria Kulbeck)은 1950년대 후반에 다음과 같이 기록하고 있다.

> 많은 어려움이 있는데도 여러 선교사가 캐나다의 북지에 복음을 전했습니다. 어떤 이들은 유대라 할 수 있는 온타리오주 북쪽과 퀘벡주로 갔으며, 어떤 이들은 사마리아라고 할 수 있는 호수의 나라 매니토바주 북쪽으로 그리고 여전히 어떤 이들은 캐나다 오순절 교단의 북극권 선교의 일환으로 지구의 가장 극지방이라고 할 수 있는 곳으로 여정을 떠났습니다.
>
> (In spite of these hindrances, many...have carried the gospel into Canada's North-land. Some have gone to "Judea," that is, Northern Ontario and -uebec; others

have gone to "Samaria," that is, the lake country of Northern Manitoba; still others have ventured into "the uttermost part of the earth," as a part of the Sub-Arctic Mission of the Pentecostal Assemblies of Canada.)[14]

　1960년대 들어 사스케치원주에서도 오순절교단의 선교 활동이 본격적으로 진행되는데, 1961년 센디호(Sandy Lake) 지역에 원주민 신학교 설립을 시작으로 1980년대까지 원주민 사역과 신학교의 운영권을 지역 원주민 지도자들에게 넘겨주고 사스케치원주 노회에서는 노회 원주민 사역 책임자를 전임으로 사례함으로 원주민 선교에 더욱 힘을 실어 주었다.[15]
　1965년 퀘벡주에도 원주민 신학교가 설립되었으며, 특별히 이 원주민 신학교는 퀘벡주 제임스베이(James Bay) 지역에 있는 일곱개의 크리부족원주민 교회들의 목회자를 길러내기 위해 특화된다.
　1980년대 들어서 무려 오십여 명의 원주민 학생이 등록했으며, 이후 이 학교를 졸업한 원주민 목회자들에 의해 많은 원주민 교회가 개척되어 선교의 열매로 미크맥(Mi'kmaq First Nation) 원주민 부족에서는 여전히 오순절 교회가 성장하고 있다고 한다.[16]

14　Gloria Kulbeck, 192.
15　Mix Ross, 49.
16　Mix Ross, 49-50.

태평양 연안의 원주민 선교를 위해 NAIM에서 사역 초창기에 사용했던 배.
출처: https://www.naim.ca/about/history/

3. 복음주의 선교 단체의 탄생

20세기 들어서 복음주의 선교사들도 원주민 선교에 본격적으로 참여하며 동시에 이들을 통한 선교 단체들이 설립되기 시작한다. 대표적으로 캐나다 중·북부를 중심으로 사역하는 북부캐나다 복음주의선교단체(Northern Canada Evangelical Mission: NCEM)가 이러한 복음주의 선교사인 아이젝 레인(Isaac Reine)의 주도로 1946년에 설립되었다.

초창기에는 사스케치원주에서 아홉 명의 선교사와 세 개의 선교 센터를 운영했는데 십 년째가 되던 해에는 팔십 명의 선교사와 삼십 개의 선교 센터로 부흥하는 역사가 있었으며 오늘날에는 캐나다

전역에서 구십 명의 선교사와 이십 개의 선교 센터를 운영 중이다.[17]

1949년에는 배를 이용해 미국의 워싱턴주와 캐나다의 브리티시컬럼비아주의 해안에 있는 원주민 마을들을 대상으로 사역하는 북미원주민선교(North America Indigenous Ministry: NAIM)가 설립되어 서부 캐나다와 미국의 워싱턴, 몬태나 그리고 뉴멕시코주까지 NAIM 선교사들이 지금까지 활동하고 있다.[18]

4. 20세기 원주민 선교를 통한 성찰

20세기 캐나다 오순절 교단의 원주민 선교 특징은 바로 '현지화'라는 단어로 요약될 수 있는데, 완전한 '현지화'를 위해 결국 현지 원주민이 목회자와 같은 지도자가 되어 스스로 교회를 운영하는 주체가 되어야 한다.

이를 위해 캐나다 오순절 교단은 특별히 수많은 원주민 신학교를 세워 원주민 지도자를 세우는 사역에 집중했다. 그리고 이 '현지화' 전략은 20세기에 원주민 선교를 부흥으로 이끈 원동력이 된다.

---

[17] Northern Canada Evangelical Mission, *Our History*, https://ncem.ca/about-us/our-history/

[18] North America Indigenous Mission, *History*, https://www.naim.ca/about/history/

하지만 이러한 노력과 성공에도 불구하고, 필자가 캐나다 오순절교단에 문의해 본 결과 2022년 6월을 기준으로 캐나다 전역에는 온타리오주에 있는 원주민성경신학원(Aboriginal Bible Academy)만이 유일하게 활동적으로 운영되고 있으며, 원주민 교회는 약 팔십 개의 교회만이 남아 있는 상황인데 그나마 그중 열다섯 개는 현재 목회자 부재 등의 이유로 운영하고 있지 않다고 한다.

목회자는 더욱 심각한 상황으로 캐나다 오순절 교단 내에 현재 남아 있는 원주민 목회자는 약 사십여 명도 되지 않는데, 이들 중 대다수가 은퇴할 나이이거나 아니면 이미 은퇴할 나이를 한참 넘었음에도 후임이 없어서 계속 사역을 하고 있는 실정이다.

필자가 사역하고 있는 밴쿠버섬에도 열 명 정도의 원주민 선교사들 가운데 많아 봐야 한두 명 정도의 원주민 출신 사역자가 있을 뿐이며, 몇몇 원주민 교회는 목회자를 구하지 못해 언제라도 문을 닫을 수 있는 상황이다.

이런 일이 발생한 원인은 무엇일까?

지난 20세기 원주민 선교 역사를 돌아보면 캐나다 오순절 교단과 복음주의 선교사들 이외에도 원주민 선교에 참여하고 있던 단체들이 있었다. 이는 전통 교단 교회들로서 오순절 교단이나 선교 단체들보다 더 오래전부터 원주민 선교를 진행하고 있었고, 이때 이들의 원주민 기숙 학교 사역도 전성기를 맞이한다.

힌미디로 오순설 교단과 복음주의 선교사들이 성인 원주민들을 대상으로 신학 교육을 하며 현지 지도자를 양성하기 위한 사역에 매진하고 있을 때, 전통 교단 교회들은 기숙 학교를 통해 원주민 아이들을 중점적으로 사역하고 있던 것이다. 그리고 이러한 각기 다른 대상으로 이루어졌던 선교의 결실이 오늘날 캐나다 원주민의 영적 현주소로 나타나게 된 것이라고 필자는 생각한다.

어렸을 때부터 교육을 받아 생활 습관과 가치관이 변해야 건강한 열매로 결실을 볼 수 있을 텐데, 어린 시절의 교육이 배제되어 있을 뿐만 아니라 여전히 과거 기숙 학교의 영향 아래 있다 보니 선교사님들의 온갖 노력을 통해 성경 공부, 신학 공부를 원주민이 이수했다고 하더라도 얼마 안 있으면 다시 건강하지 못한 예전의 모습으로 돌아가는 경우가 많다는 것이다. 더 큰 문제는 원주민이 목회자가 되어 오히려 예전의 건강하지 못한 모습으로 돌아갔을 때 원주민 공동체에 끼치는 부정적인 영향은 가늠할 수 없을 정도로 매우 크다는 것이다.

그리고 이러한 현상은 필자가 사역하고 있는 원주민 교회에서도 종종 볼 수 있는데, 성령의 능력으로 거듭난 원주민 성도들이 세례도 받고 얼마간 건강한 삶을 살아가는 듯하지만, 대부분의 경우 오래지 않아 다시 예전의 모습으로 돌아간다.

이러한 관점에서 '현지화'와 현지 지도자를 길러내는 선교 전략도 매우 중요하지만 결국 교육 사역을 통해 다음 세대가 변하지 않는다면 아무런 소용이 없다는 것을 보여 준다.

제4장

21세기 한인 교회의 선교 열정

    캐나다 한인 교회들의 본격적인 원주민 선교 참여는 1995년 캐나다 서부 밴쿠버에서 설립된 '사랑의군대'(Love Corps)라는 원주민 선교 단체에 의해 시작되었다고 해도 과언이 아니다. 이후 3년 후에 1998년 캐나다 동부 토론토 지역에서도 이와 유사한 '사랑의군병들'(Agape Army)이라는 원주민 선교 단체의 설립을 시작으로 캐나다 각지에서 원주민 선교를 위한 한인 선교 단체들이 생겨난다.
    이를 통해 캐나다에 있는 한인 교회들과 성도들이 원주민 선교와 그 필요성을 알게 되어 21세기 한인 교회들의 원주민 선교 참여는 급속도로 확대된다.
    필자 역시 2000년도 초반 청년 시절에 사랑의 군대를 통해 원주민 선교에 처음으로 참여하게 됐으며, 이 시기는 밴쿠버 대다수이 한인 교회가 열성을 가지고 원주민 선교에 참여해 브리티시컬럼비아주에 있는 수십여 곳의 원주민 보호 구역뿐만 아니라 심

밴쿠버에 있는 한인 원주민 선교 단체인 사랑의 군대에서 2014년 여름 단기 선교 참여자를 모집하는 포스터.
출처: http://www.kcjlogos.org/news/articleView.html?idxno=10484

지어는 북극권의 유콘주까지도 단기 선교팀이 파송되었었다.

이렇게 밴쿠버의 수많은 한인 교회가 참여하는 여름 원주민 단기 선교는 매년 벌어지는 선교 축제와 같았다고 필자는 기억하고 있다. 오늘날에도 캐나다의 많은 한인 교회가 직접 또는 사랑의군대와 같은 선교 단체 등을 통해 원주민 선교에 참여하고 있으며, 현재 사십여 명의 한인 선교사들이 캐나다 전역에서 원주민 사역을 감당하고 있다.[1]

---

1 캐나다 원주민 선교포럼, 후원안내, https://korean4nations.com/%ED%9B%84%EC%9B%90%EC%95%88%EB%82%B4/

캐나다 원주민에 대한 역사와 아픔을 담은 선교 다큐 영화 〈뷰티플 차일드〉 포스터.
출처: https://movie.daum.net/moviedb/main?movieId=82259#photoId=911842

또한, 한인 교회들의 캐나다 원주민 선교에 대한 높은 관심과 열정으로 인해 2013년에는 캐나다 원주민에 관한 이야기를 담은 다큐멘터리 영화인 〈뷰티플 차일드〉가 한국에서 개봉하기도 했다.[2]

하지만 안타깝게도 삼십여 년에 가까운 한인 교회의 열정적인 원주민 선교 참여와 관심이 있었는데도 이미 서론에서 언급한 대로, 오늘날 필자가 가장 많이 듣는 것은 원주민 선교는 "밑 빠진 독에 물 붓기와 같다"라는 한탄이다.

몇 년 전 알버타주에서 있었던 원주민 선교 세미나에서는 강의를 마친 필자에게 한 청년이 다가와 이렇게 하소연하는 일도 있었다.

"제가 섬기는 교회에서 십여 년 동안 한 원주민 부족을 대상으로 헌신적으로 선교했는데도 결국 사역에 아무런 열매를 맺지도 못했습니다. 어떻게 하면 좋을까요?"

이러한 실망감 속에 캐나다의 많은 한인 교회의 원주민 사역에 관한 관심과 참여는 점점 줄어들고 있으며 그 대안으로 눈에 띄는 빠른 결과를 기대할 수 있는 중남미나 동남아시아와 같은 이른바 가성비가 좋은 선교지로 눈을 돌리는 것이 현재 상황이다.

그래서인지 필자가 사역하는 원주민 교회에 대한 밴쿠버 한인 교회의 선교 후원도 많이 줄었을 뿐만 아니라 올해 단기 선교를 오는 교회도 밴쿠버에서 오는 중국인 교회 하나뿐이다.

---

2   CTV 기독교 TV, 영화 〈뷰티플 차일드〉, http://www.cts.tv/news/view?n-cate=THMNWS06&dpid=162874

1. 21세기 원주민 선교를 통한 성찰

21세기 캐나다 한인 교회의 원주민 선교 역사를 살펴보면 긍정적인 면에서 선교에 대한 열정을 가장 먼저 꼽을 수 있으며, 실제로 원주민에 대한 선교 필요성이 알려졌을 때 많은 한인 교회들은 앞다퉈 단기 선교에 참여했다.

그러나 가장 안타까운 점은 대부분의 한인 교회가 '이 선교를 앞으로 어떻게 발전시켜 나가야 할 것인가'와 같은 거시적인 선교 전략이나 '몇 년 후에 선교사를 파송하겠다'라는 것과 같은 명확한 목표 의식 없이 예나 지금이나 매년 똑같이 여름 성경 학교와 같은 단기 사역에만 머물러 있다는 것이다.

이는 캐나다의 한인 교회만의 문제가 아니라 한국 교회에도 만연한 것으로 백신종 선교사는 이러한 현상은 한국 교회 전체의 문제라고 이렇게 지적하고 있다.

> 한국 교회는 단기 선교를 단순한 선교 동원 내지는 선교 교육의 목적으로 생각하기 때문에 전문적인 전략과 사역 방법을 개발하지 못한다.[3]

---

3   백신종, "단기 선교의 이해와 실제", IGMAN Radio, Aug 6, 2015, https://www.gmanradio.org/2015/08/06/%EB%8B%A8%EA%B8%B0%EC%84%A0%EA%B5%90%EC%9D%98-%EC%9D%B4%ED%95%B4%EC%99%80-%EC%8B%A4%EC%A0%9C-%EB%B0%B1%EC%8B%A0%EC%A2%85%EC%84%A0%EA%B5%90%EC%82%AC/

이와 같은 상황에 대해 조병준 박사는 자신의 논문에서 다음과 같이 역설하고 있다.

> 단기 선교에 가서 씨만 뿌리고 돌봄과 수확을 하나님께 맡기는 것은 하나님께 책임을 떠넘기는 태도이며, 이런 일을 방지하기 위해서는 단기 선교에서 끝나는 것이 아니라 결국에는 선교사를 파송하고 지속해서 지원하는 환경까지 조성하는 거시적인 선교 전략이 필요하다.

그뿐만 아니라 [4] 의료 선교의 대표적인 인물 중의 하나인 심재두 선교사 역시 이렇게 강조하고 있다.

> 선교 사역에 있어 선교지의 특성에 관한 연구와 그에 따른 선교 전략을 세우는 일이 선교 사역의 성공 여부를 결정하기 때문에 반드시 선교에는 지속적인 연구와 개발(Research & Development)이 있어야만 한다.[5]

한마디로 발전하지 못하고 거시적 선교 전략이 없다면 그 선교는 실패할 수밖에 없다는 것이다.

---

4 조병준, "단기 선교를 통한 선교 지향적 교회로의 성장 방안" (박사학위논문, 총신대학교, 2017), 87.
5 심재두, 『한국 교회 해외선교의 선구자들: 언더우드 선교상 수상자 7인의 선교 이야기』, 연세대학교 언더우드기념 사업회 (서울: 신앙과 지성사, 2016), 336.

그렇다면 어떠한 거시적인 전략으로 원주민 선교를 발전시켜 나가야 할 것인가?

이에 관한 자세한 내용은 다음 제3부에서 다루도록 하겠다.

필자는 원주민 선교에 참여하고 있는 한인 선교사들도 현재 진행하고 있는 선교 전략이나 방향에 대해 다시 한번 점검해 봐야 할 필요가 있다고 생각한다.

필자의 경우, 지금 섬기는 원주민 교회에 부임하려고 결정했을 때 목회자를 간절히 필요로 하는 곳이었기 때문에, 현지 교회 성도들이나 현지 교회의 원로 목사님 그리고 교회가 소속된 오순절 교단의 브리티시컬럼비아주 노회의 노회장님(District Superintendent)과 다민족과 원주민 사역(Intercultural and Indigenous Ministries Director)을 총괄하는 목사님까지 필자의 결정을 환영해 주었다.

하지만 모두가 필자를 환영한 것은 아니었다. 브리티시컬럼비아주와 유콘주의 원주민 교회와 원주민 사역을 대변하는 위치에 있던 원주민 목사님은 필자의 원주민 교회 부임을 못마땅하게 여겼는데, 그 이유는 필자가 한국인이기 때문이었다(참고로 필자는 캐나다에서 자라난 1.5세다).

이후 필자가 이 원주민 목사님에게 네다섯 번 정도 원주민 사역에 관한 수업을 받는 조건으로 필자의 원주민 교회 부임을 승인했는데, 이때 원주민 목사님들이 한인 선교사들에 대해 가진 선입관을 들을 수 있었다.

그중 가장 대표적인 것은 한국 선교사들은 원주민 사역자나 다른 사역자들을 존중하지도 않고 협력하지도 않는다는 것이었다. 응당 원주민 선교를 하면 원주민 목사님들의 의견에 귀를 기울여야 하는데 전혀 그렇지 않고 자신의 방법만을 주장하고 이를 듣지 않으면 자기의 길을 간다는 것이다. 그 과정 가운데 어떠한 타협도 없으며 오히려 원주민 사역자들을 업신여기는 태도까지 취한다는 것이었다.

이러한 한인 선교사들의 아집은 원주민 선교 현장에도 드러나 원주민들에게 한국 교회의 발전과 경제적 번영을 자랑하며 이러한 성장과 물질적 번영을 원주민들에게 강조한다는 것이다. 이는 전형적인 한국인 또는 특정 집단만의 가치관으로 원주민들의 가치관과는 전혀 맞지 않는다는 것이다.

오히려 이러한 한인 선교사들에 의해 한국에 방문했던 원주민 중에는 한국의 경제적인 풍요를 보고 돌아와 어떤 희망을 품는 것이 아니라 오히려 자신이 사는 원주민 보호 구역의 현실을 돌아보고는 자신의 삶은 쓰레기라고 오히려 불만과 부정적인 생각으로 가득 차는 경우도 있다는 것이다.

이에 원주민 목사님이 강조하는 바는 "예수 그리스도의 참된 복음은 물질적인 번영이나 외형적인 성장이 아니라 아무리 어려운 환경 가운데서도 복음 안에서 감사와 소망을 찾는 것이 아니겠는가"라고 하시며, "한인 선교사들의 번영과 발전에 대한 가치관을 강요하는 것은 문명화를 시키겠다고 서양 문화를 원주민들에게 강요한 식민지적 사고와 다를 바가 전혀 없다"고 지적했다.

이러한 한인 선교사들에 대한 지적은 이분 외에도 여러 현지 목사님과 사역자들에게도 들을 수 있었다. 필자가 섬기는 교회에서도 예전에 한인 선교 단체의 초청으로 한국에 방문한 적이 있는 원주민 성도가 있는데, 이분 역시, 한국 방문 이후 자기 삶을 더욱 비관하게 되어 우울증과 같은 후유증에 시달렸다는 실제 사례도 있다.

한인 선교사들의 원주민 선교 참여가 점점 늘어가고 있는 시점에 이미 오래전부터 원주민 선교를 감당해 오시던 여러 목사님의 지적은 깊이 생각해 볼 필요가 있다고 생각한다.

제3부

교회와 원주민 선교

제3부는 교회가 원주민 선교를 어떻게 준비하고 계획하며, 참여해야 하는지 그리고 어떻게 하면 거시적으로 열매 맺는 선교를 진행할 수 있는지에 대해 필자의 경험과 사례들을 제시함으로 실제적 도움을 주려는 내용으로써, 무엇보다 캐나다 이민 교회를 주대상으로 쓴 것임을 미리 밝힌다.

우선 제1장에서는 원주민 선교는 교회의 성장 동력이 될 수 있다는 것을 몇 가지 사례와 필자의 경험을 통해 증명함으로 교회에서 더욱 활동적으로 원주민 선교에 참여하는 동기를 부여한다.

제2장과 제3장에서는 이러한 교회의 성장 동력이 되기 위해서는 단기 선교로 끝나는 것이 아니라 단기 선교가 장기 선교로 성장 발전해야 하며 이러한 방향 전환과 선교의 발전에 관한 내용을 제시한다.

그리고 제4장에서는 성장과 발전을 할 수 있는 단기 선교를 위한 고려 사항들에 대해 마지막 제5장에서는 여러 질문을 통해 단기 선교사로 헌신하는 성도와 교회의 바른 자세가 무엇인지를 생각해 볼 수 있도록 돕는다.

끝으로 필자가 섬기는 원주민 교회에 방문하는 단기 선교팀들에 알려 주는 원주민 선교지 가이드라인을 소개함으로 원주민 선교지에서는 무엇을 유의해야 하는지 대략적인 아이디어를 제공한다.

제1장

원주민 선교는
교회 성장의 동력이 될 수 있다

1. 교회의 유익

기본적으로 교회의 모든 선교 활동은 유익이 된다. 무엇보다 교회의 존재 가치를 증명하기 때문으로 이 세상에 교회가 존재하는 이유와 목적은 바로 예수 그리스도의 복음을 땅끝까지 전하는 선교다.[1]

선교하지 않는 교회는 달릴 수 없는 말과 같으며 달릴 수 없는 말은 그 존재의 가치를 잃을 수밖에 없다. 이렇게 중요한 교회의 선교 활동은 여러 가지가 있지만 그중에 단기 선교가 가장 대표적일 수 있다.

---

1   이영, 『선교 매트릭스』, (서울: 좋은 땅, 2021), 15.

캠퍼스 선교 단체인 예수제자운동의 서관옥 간사는 단기 선교로 인한 개인적인 유익과 선교지에서의 유익을 다음과 같이 잘 정리해 놓았다.[2]

첫째, 개인적인 유익

① 타 문화와 타 언어의 경험
② 다양한 선교사와의 접촉을 통한 선교 도전
③ 팀 사역을 통한 공동체 훈련
④ 장기 선교사로서의 가능성 점검
⑤ 세계를 품은 크리스천으로 거듭나는 기회

둘째, 선교지에서의 유익

① 다양한 접촉점 제공
② 연약한 현지 교회를 도움
③ 전문 사역을 통한 집중 사역
④ 담대한 복음 선포와 중보기도 사역

단기 선교의 유익은 이 외에도 단기 선교의 주체가 되는 교회의 성도들이 선교로 하나가 될 수 있는 매개체가 되며, 성도들의 영적인 성숙도를 한 차원 끌어올려 주므로 건강한 교회를 세울

---

2 서관옥, "단기 선교의 필요와 유익" 크리스천 투데이, 2001.07.28, https://www.christiantoday.co.kr/news/149461

수 있도록 하는 큰 유익이 있다. 그러나 때에 따라 그 유익을 얻지 못할 뿐만 아니라 오히려 교회에 해가 되는 경우도 있다.

2. 선교가 교회에 해가 될 때

필자가 예전에 사역했던 한 교회는 교회의 모든 역량과 자원을 일 년에 단 한 번 있는 단기 선교 행사에 투자하는 한마디로 단기 선교를 위해 존재하는 것 같은 교회였다. 그리고 실제로 이러한 선교에 대한 열정이 초기에는 교회 성장의 원동력으로도 작용했다. 하지만 어느 순간 교회는 무너지고 말았는데, 필자가 부임했을 때는 그 상황이 말로 표현하기에 어려울 정도였다.

교회에 얼마 남지 않은 성도들의 선교에 대한 열정은 대단해 보였지만, 성도로서의 기본적인 제자훈련(실질적으로 말씀을 삶에 적용해 거룩한 인격, 행동 양식 그리고 습관 등을 배양하는 것)과 성경 교육 등은 열정에 비해 한참 못 미치고 있는 것을 발견할 수 있었다.

마치 사사기 17:6에 "이스라엘 백성들이 각자 자기 소견에 옳은 대로 행동했다"고 기록되어 있는 것과 같이 교회 성도들도 각기 소견에 옳은 대로 행동하는 진실로 교회의 질서가 다 무너진 상태였다.

한마디로 "교회의 소명은 선교다!" 라는 구호만 외치고 정작 중요한 교회와 성도의 영적 성장과 성숙 그리고 이웃 전도와 같은 지역 교회로서의 의무는 외면하고 있었다. 그렇기에 그나마 집중하고 있던 선교 역시 거시적인 전략과 목표가 없는 소모적인 선교만을 반복하다가 결국 갈등과 다툼으로 병들어 있었다.

나는 그때 이런 고민을 해보게 되었다.

이러한 상황에서도 가장 중요한 것은 여전히 선교일까?

아니면 제자훈련과 성경 공부를 통한 교회와 성도의 영적 건강의 회복일까?

우리 몸도 적절한 운동, 균형 잡힌 식사 그리고 건강에 대한 올바른 지식이 있을 때 건강해질 수 있고, 건강이 뒷받침되어야 어떠한 힘든 일도 지속해서 감당할 수 있는 것처럼, 성도 역시 열정과 더불어 말씀과 훈련이 균형이 잡혀야 영적으로 성숙하고 건강해질 수 있으며, 그럴 때 선교라는 교회의 소명도 잘 감당할 수 있게 되는 것이라는 결론에 이르게 되었다.

3. 건강한 교회와 선교

그렇기에 필자는 단기 선교에 앞서 가장 먼저 고려할 사항은 교회를 건강하게 세우는 것이 필수적이라고 생각한다. 앞서 강조한 대로 당연히 교회가 이 세상에 존재하는 이유와 목적은 '세상 끝날까지 온 세상에 복음을 전하는 선교적 사명을 이루는 것'이다.[3]

---

3   이영, 15.

이러한 선교적 사명은 선교지를 가는 것과 더불어 지역 사회에 대한 전도도 포함하는데, 이를 이루기 위해 선행되어야 할 것은, 다름 아닌 선교의 주체인 교회가 건강해야 한다는 것으로, 교회가 건강해야만 선교에 대해 충분하고 지속적인 투자가 가능하다. 따라서 교회의 역량을 넘어서는 무리한 선교 참여와 거시적 계획 없이 행해지는 선교 투자는 오히려 교회의 건강을 해칠 수도 있다.

그러므로 필자는 교회에서 이루어지는 모든 선교 활동은 그 무엇보다도 교회가 선교를 감당할 역량이 되는지, 선교를 참여하기 위한 성도들의 영적 건강과 성장이 선행되고 있는지를 먼저 고려하여 교회 상황에 맞춰 선교를 진행하는 것이 좋다고 생각한다.

4. 접근의 용이성이 주는 혜택

필자가 밴쿠버에서 사역하며 원주민 선교를 준비했을 때 우선으로 고려한 사항은 '접근성'이었다. 이러한 관점에서 만약 독자가 소속되어 있는 교회가 캐나다에 있고, 캐나다 원주민 선교에 대해 어느 형태의 선교라도 참여하거나 감당할 준비가 되어있다면, 그 선교는 독자의 교회에 큰 유익을 끼쳐 교회가 성장할 수 있는 새로운 성장의 동력을 가져다 줄 것이라고 필자는 자신한다.

앞서 서론에서 캐나다 원주민 보호 구역의 지도를 소개했듯이, 감사하게도 캐나다 원주민은 어디에든 있었고, 필자가 섬겼던 교회로부터 당일 방문이 가능한 거리에 있는 원주민 공동체도 쉽게 찾아낼 수 있었다.

미국도 캐나다와 유사한데 미국에는 공식적으로 5천 2백만 명의 원주민이 574개의 부족에 나뉘어 살고 있으며[4] 이러한 원주민 부족들이 위치한 원주민 보호 구역은 미국 전역에 있기에 미국에 있는 교회들도 얼마든지 가까운 거리에 있는 선교지를 찾을 수 있을 것이다.

접근이 쉬운 선교지는 잘 찾아보면 캐나다와 미국뿐만이 아니라 한국에도 근거리에 시골 교회나 외국인이 많이 사는 동네가 있는 것처럼 세계 어느 곳에도 이러한 근거리 선교지는 존재한다. 접근이 쉬운 선교지의 가장 큰 장점은 짧은 이동 거리로 인해 선교비와 이동 시간 등을 아낄 수 있어 더욱 많은 성도가 선교에 참여할 기회를 줄 수 있는 것이다.

필자가 인솔한 단기 선교 중에는 한 교회에서 일일 방문자를 포함해 무려 70~80명이 넘는 성도가 원주민 선교 프로젝트에 참여한 적도 있었다. 거리가 가깝다 보니 연로하신 성도님들도 바

---

[4] USA Government, Federally Recognized Indian Tribes and Resources for Native Americans, https://www.usa.gov/tribes#:~:text=The%20U.S.%20government%20officially%20recognizes,contracts%2C%20grants%2C%20or%20compacts.

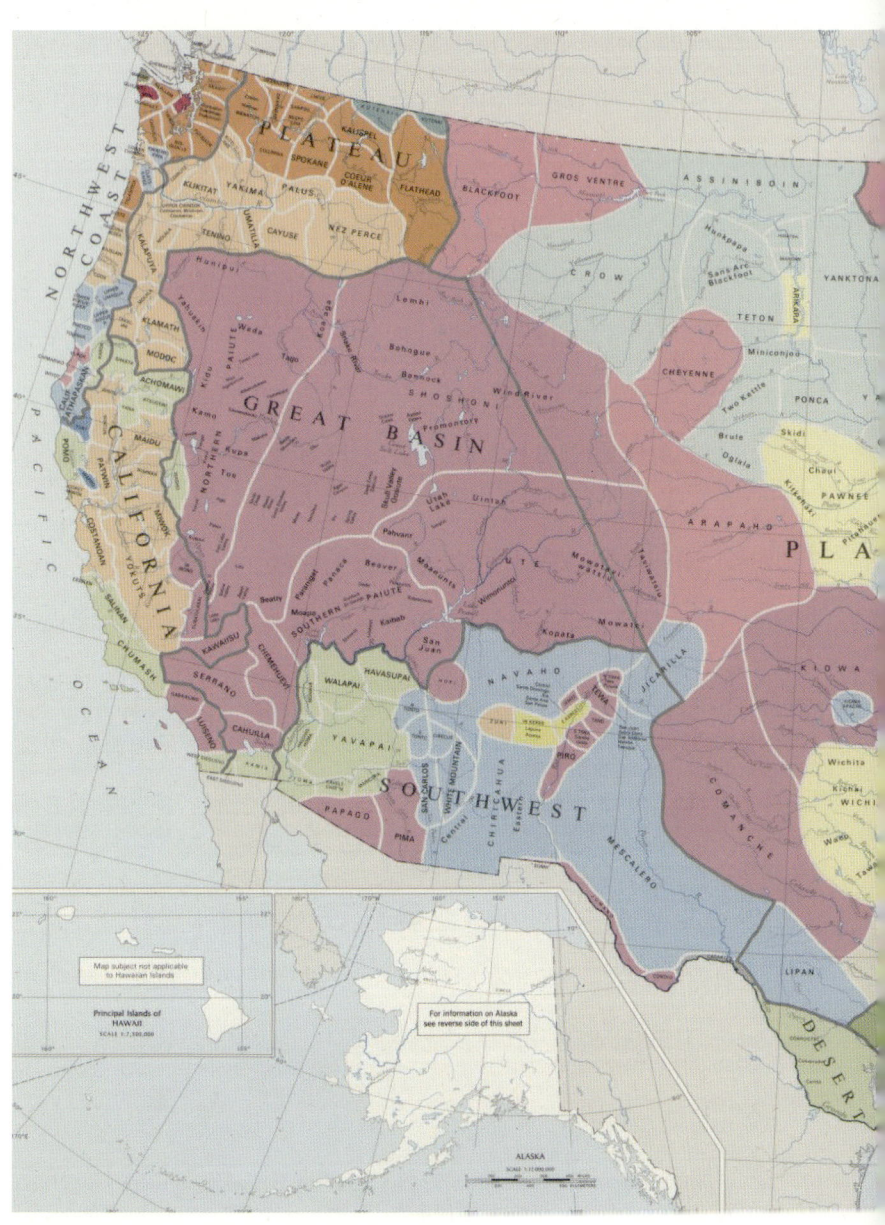

미국 원주민(American Indian)의 언어 그룹대로 나눠진 분포도.
출처: https://www.loc.gov/resource/g3701e.ct003648r/

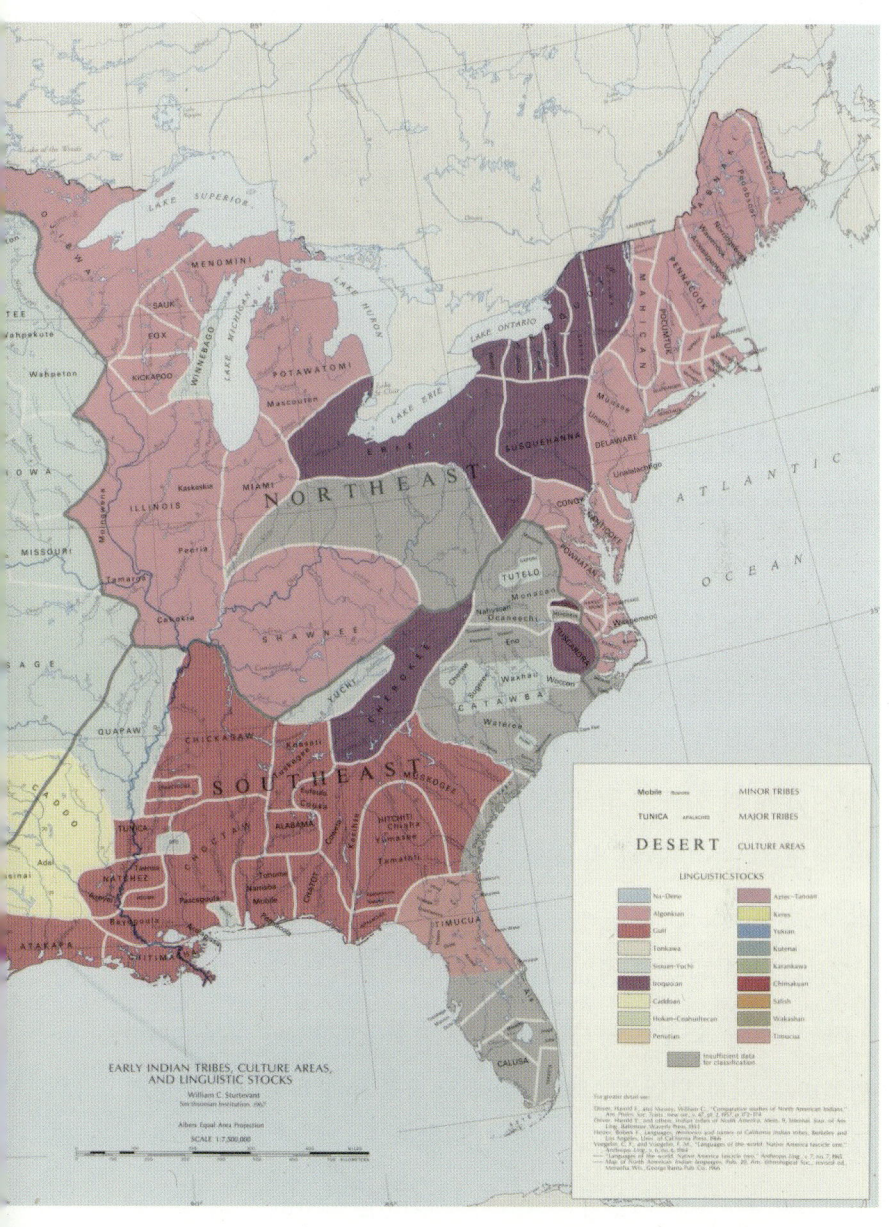

2019년 필자가 섬기는 원주민 교회로 밴쿠버에서 온 단기 선교팀이다. 지리적으로 가깝다 보니, 더욱 많은 성도가 선교에 참여할 수 있다.

람 쐴 겸 따라오시기도 하며, 어린아이들이 있는 성도님들도 짧은 기간이라도 가족 여행을 겸해서 방문하기도 한다.

이처럼 남녀노소 대규모의 인원이 참여할 수 있다 보니, 재정과 시간 등의 이유로 규모가 상대적으로 작을 수밖에 없는 장거리 선교보다는 당연히 전 교인이 관심을 두는 교회 행사가 될 수밖에 없다.

또한, 함께 원주민 선교에 참여한 성도 간에는 소속감이 생기는데, 이러한 소속감은 일일 또는 단 며칠 만 참가한 성도들이라 할지라도 어찌 되었든 함께 선교에 동참했기에 동일하게 적용되는 것을 경험할 수 있었다.

더 놀라운 사실은 직접 참여하지 못했다고 할지라도 거리의 가까움으로 인해 언제든 참여할 수 있다는 생각에 원주민 선교에 참여했던 성도들이 느끼는 성취감이 참여하지 못한 성도들에게도 일부 전달된다는 것이다.

그리고 이러한 접근의 용이성은 한해 중 특정 시기에 단 한 번만 진행하는 단기 선교 행사가 아니라 연중 내내 지속할 수 있는 진정한 의미의 선교로 선교의 성장이 가능하다는 것이다.

선교의 성장에 대해 제3장에서 더 자세히 나누겠지만, 선교의 성장은 교회가 열매 맺는 선교로 나아갈 수 있도록 돕고, 열매 맺는 선교는 교회 전체가 하나의 선교지로 향하는 단합된 마음, 소속감 그리고 성취감을 불러일으켜, 교회를 진정 하나의 공동체로 만드는 매개체가 된다.

또한, 성도들의 에너지와 관심이 선교지로 향하기에 서로 간의 갈등과 반목이 줄어드는 놀라운 평안의 열매도 경험할 수 있으며, 이러한 성도들의 하나 됨과 화평은 교회가 질적 양적으로 성장할 수 있는 원동력이 된다는 것이다.

이미 언급한 대로 이러한 접근의 용이성으로 인한 혜택은, 캐나다와 미국 원주민 선교지에 국한된 것이 아니라, 가까운 거리에 있는 선교지를 선택한다면, 어디서나 동일하게 이러한 혜택을 누릴 수 있을 것이다.

그러므로 필자는 선교를 위해 어디론가 멀리 가야 한다는 고정관념을 버리고 더욱 많은 성도가 함께할 수 있는 가까운 곳에 있는 선교지도 돌아볼 필요가 있다고 생각한다.

제2장
단기 선교는 선교가 맞나?

1. 단기 선교에 대한 논쟁

교회의 여러 가지 선교 활동 중에 대표되는 것이 바로 단기 선교라고 이야기했는데, '오늘날 단기 선교는 선교인가, 아닌가' 하는 논쟁부터 시작해서 단기 선교의 무용론까지 등장하며 논란에 휩싸이고 있다.

이러한 상황에서 필자는 "단기 선교는 선교가 아니다"라는 제목의 인상 깊은 기사를 접하게 되는데, 그 기사의 원문은 다음과 같다.

> 단기 선교라는 말이 오용되고 있다. 선교라는 큰 틀에서 봤을 때 단기 선교는 선교가 아니다. 선교는 결코 단기적인 사역이 아니기 때문이다. 선교는 해외에서 가끔 벌이는 이벤트가 아니라 교회 일부분이다. 언어적·문화적 한계를 지닌 외국인이 1~2주 정도의 짧은

시간에 선교 현장에 영향력을 끼치는 건 불가능할뿐더러, 프로그램 위주로 돌아가는 단기 선교는 선교 현장과의 장기적인 파트너십 형성을 어렵게 만든다. 그런 점에서 단기 선교는 종교적 투어리즘의 일종이다.[1]

이는 풀러신학교의 제후 헨슬스(Jehu J. Hanciles) 선교학 교수가 언급한 내용이다. 그러나 이는 단기 선교의 필요성과 장점을 완전히 외면하는 것이 아니다. 이 내용의 핵심은 선교는 단기간에 이루어질 수 없는 것인데 어떻게 단기라는 말과 선교가 양립할 수 있느냐는 것이다.[2]

단기 선교에 대한 이러한 헨슬스 교수의 관점은 선교 학술지 「미션 포커스 연례 보고」(*Mission Focus: Annual Review*) 2006년 판 14호에 소개 된 "세계 기독교와 서구 선교 사업의 변화"(Transformations within Global Christianity and the Western Missionary Enterprise)라는 글에 잘 나타나 있다.

그렇다면 과연 그의 주장처럼 선교는 정말 단기간에 이루어질 수 없는 것일까?

선교의 본질에 대해 가장 잘 설명하는 성경 구절은 바로 마태복음 28:18-20이다.

---

1 제후 헨슬스, "단기 선교는 선교가 아니다" *NEWS M*, 2009.06.16, http://www.newsm.com/news/articleView.html?idxno=1376
2 Ibid.

> 예수께서 나아와 말씀하여 이르시되 하늘과 땅의 모든 권세를 내게 주셨으니. 그러므로 너희는 가서 모든 민족을 제자로 삼아 아버지와 아들과 성령의 이름으로 세례를 베풀고, 내가 너희에게 분부한 모든 것을 가르쳐 지키게 하라. 볼지어다 내가 세상 끝날까지 너희와 항상 함께 있으리라 하시니라(마 28:18-20).

이 말씀은 예수님이 성도들에게 주신 마지막 지상 명령으로 예수님의 제자를 만들라는 명령인데, 그 대상과 지역에 대한 제한은 없고 단지 세 가지의 행동이 있음을 볼 수 있다.

첫째, 세례를 베푸는 것
둘째, 예수님이 말씀하신 모든 것을 가르치는 것
셋째, 그것을 지키게 하는 것

한마디로 선교는 가까운 곳이나 먼 곳이나, 또는 인종에 상관없이 한 사람이 예수 그리스도를 구원자로 영접함으로 세례를 받고, 이 구원자 예수님이 전하는 모든 말씀을 배우고, 또 이 말씀대로 살아가게 되는 전인격적인 변화가 일어나 예수님의 참된 제자로서 살아가게 되는 것이라고 정의할 수 있다.

따라서 선교는 일회성으로 불특정 다수에게 복음을 전하고 세례를 준다고 해서 끝나는 것이 아니라 최소한 한 세대를 변화시키는 장기간의 헌신이 필요하다는 것이다.

2. 장기간의 헌신

하지만 모든 교회가 이러한 선교의 모든 과정을 책임지지 못하는 것이 현실이다. 대부분 교회는 단기 선교라는 방법을 통해 선교에 참여하고 있다. 그러나 선교의 정의에 따르면 올바른 선교의 방법이 아니다.

그렇다면 교회가 단기 선교를 하지 말아야 한다는 말인가?

그렇지 않다는 것이 필자의 생각으로, 단기 선교를 포기할 것이 아니라 단기 선교의 방향성을 바꾸고 보충해야 한다는 것을 제안하려고 한다. 성경에서 사도 바울의 사례를 통해 이러한 방향성을 배울 수 있다. 사도 바울은 상황에 따라 어느 지역에서는 단기적으로 사역을 하고 떠나는 일도 있었지만, 여러 방법을 통해 계속해서 그 교회를 목회한 것을 알려 준다. 예를 들어, 편지를 이용해 고린도 교회나 갈라디아 교회 성도들을 계속해서 목양한 것을 들 수 있다.

이처럼 사도 바울과 같이 장기간의 지속적인 헌신이 준비되어 있고, 여러 방법을 동원해 선교지를 계속해서 섬길 수 있도록 거시적인 전략을 마련한다면 여러 가지 사정으로 인해 선교지에 머무는 기간이 짧은 단기 선교라는 형태를 사용하면서도 장기적인 효과를 살릴 수 있다는 것이다. 이것이 바로 필자가 사역의 경험을 통해 깨달은 바이다.

이처럼 단기 선교에 대한 바른 방향성과 보충이 없다면, 단기 선교는 사실상 종교 여행에 불과하게 된다. 단기 선교가 가질 수 있는 장점은 여러 선교지를 다녀보며 하나님이 나에게 또는 내가 섬기는 교회에 허락하신 선교지인지를 탐색하는 기간으로 사용할 수 있다는 것이다. 이러한 탐색이 없이 처음부터 장기적인 헌신을 할 때는 많은 시행착오가 생길 수 있다.

하지만 장기간의 헌신이 배제된 상태에서 선교지들을 방문하고 탐색하는 여정은 선교가 아니기에 단기 선교라는 단어보다는 '비전 트립'(Vision Trip)이라는 표현이 더 적합하며, 만약 탐색만 지속하거나 아예 탐색이라는 목표 의식조차 없다면 이는 헨슬스 교수의 지적과 같이 종교 여행에 불과할 것이다.[3]

---

[3] 제후 헨슬스, "단기 선교는 선교가 아니다" *NEWS M*, 2009.06.16, http://www.newsm.com/news/articleView.html?idxno=1376

제3장 단기 선교는 성장해야 한다

1. 단기 선교의 성장

 필자는 단기 선교의 가치는 비전 트립에 있다고 생각한다. 즉, 단기 선교는 그 자체가 목적이 아니라 단기 선교에 참여하므로 하나님이 역사하심을 직접 체험 하고, 그 체험 속에서 하나님이 기뻐하시는 뜻을 분별하며, 선교에 대한 장기적 헌신과 비전을 깨닫게 되는데 목적을 가져야 한다.
 다시 말해, 단기 선교는 장기 선교로 이끄는 문이 될 때 가치가 있다는 것이다. 비전 트립 중 나에게 또는 내가 속한 교회에 하나님이 허락하신 선교지를 만난다면 장기간의 헌신을 다짐함으로 비전 트립에서 선교로 전환되어야 한다.
 필자는 선교지를 선택하는 이러한 과정을 '입양'이라고 생각한다. 그 이유는 실제로 한 세대의 전인격적인 변화를 요구하는 선교는 아이를 입양하여 성인이 될 때까지 양육하는 것과 비슷한 헌신과 기간이 소요되기 때문이다.

그리고 입양한 아이가 성장할수록 먹는 음식이나 양육법이 바뀌듯이 선교지와 선교 대상자도 시간이 지날수록 성장을 한다. 그렇기에 선교도 선교 대상과 선교 전략을 연구하고 성장해야 한다. 필자가 생각하는 단기 선교의 성장은 다음과 같다.

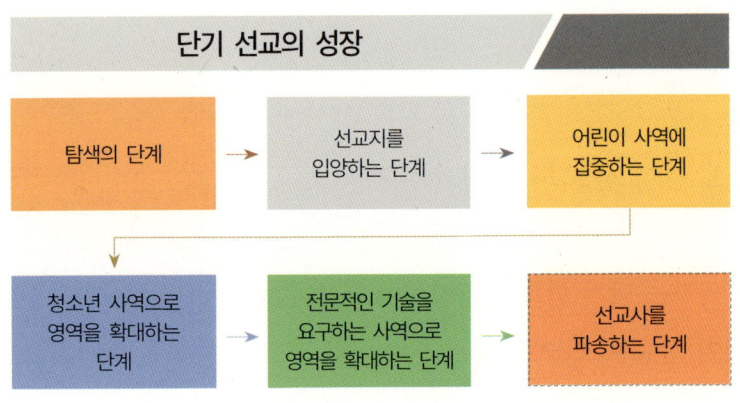

2. 진정한 선교는 한정될 수 없다

많은 경우 단기 선교는 단기 선교만의 영역이 있다거나, 단기 선교의 목적은 현지 선교사를 돕는 것 등으로 한정 짓기도 한다. 하지만 사역의 확장을 위해 현지 선교사에게 가장 필요한 것은 장기 동역자로서, 진정으로 선교사를 돕고 싶다면 결국 장기 선교 동역자를 파송해야 한다.

그리고 현지 선교사가 없는 선교지라면 지속적이고 안정적인 사역을 위해 그리고 그곳에 하나님의 교회를 세우기 위해 반드시 장기 선교사를 파송해야 할 필요성이 있다는 것이다. 한마디로 한세대를 변화시키겠다는 헌신이 있는 진정한 선교라면 단기 선교를 하더라도 그 선교의 영역을 제한하거나 한정 지을 수 없다는 것이다.

필자는 선교사로서의 삶의 경험을 통해 수십 년 동안 한 지역을 헌신적으로 선교했어도 단기 선교의 영역을 제한함으로 인해 선교사님의 후계자를 파송할 수 없거나 선교사가 없는 선교지에 장기 선교사를 파송하지 않는다면 결국 셀 수 없는 헌신과 노력을 했는데도 바람직한 결실을 보지 못하고 끝나게 되는 경우를 많이 보아왔다.

따라서 선교지를 입양했다면 탐색의 단계를 넘어서 장기적인 목표로 선교사 파송과 같은 거시적인 전략을 세워야 한다. 이러한 계획 가운데 첫해에는 여름 성경 학교를 통해 어린이들에게 사역을 집중했다면, 다음 해에는 아이들의 성장을 위해 청소년 사역도 함께 준비한다.

그리고 그다음 해에는 청소년들에게 진정으로 필요한 전문적인 직업 교육 등의 프로그램을 준비하는 등 선교의 대상과 전략도 점점 성장해야 한다. 하지만 안타깝게도 대부분의 교회는 오랜 시간이 지나도 어린이 사역 또는 단순한 청소년 사역만을 반복하는 기본 단계에 머물러 성장이 없는 경우가 많다.

이러한 상황 가운데서도 밴쿠버에 있는 한 교회는 성장하는 선교를 추구하는 매우 모범적인 사례라 할 수 있는데, 이 교회의 특징은 적은 액수로 많은 선교지를 후원하기보다는 선택과 집중을 통해 하나의 선교지를 재정과 인력 등으로 충분히 지원하는 선교 전략을 취했다.

우선 지역적으로 멀지 않은 원주민 선교지를 선택하고 이 선교지에 여름 사역을 위한 단기 선교팀 파송을 시작했지만, 이것으로 끝이 아니라 이후 일 년 내내 교회의 소그룹들이 돌아가며 정기적으로 방문해 사역을 돕는 단계로 나아갔다.

그다음으로는 청년부에서는 여러 명이 한 팀을 이루어 몇 개월씩 머무르며 현지 선교사님을 돕는다. 그래서 한 팀의 사역이 마무리될 무렵 새로운 팀이 파송되어 계속 바톤을 이어받아 사역을 이어 나갔다. 이러한 선교의 성장 끝에 결국 수년을 장기로 헌신해 사역을 돕는 청년 선교사들이 파송되는 등 성장하는 선교의 예를 잘 보여 주고 있다.

만약 지난 20년이 넘는 세월 동안 캐나다 원주민 선교에 참여했던 한인 교회들이 이와 같은 성장하는 선교를 지향했다면, 어쩌면 20세기에 캐나다 오순절 교단을 통한 원주민 선교 부흥의 역사가 21세기 한인 교회들을 통해 재현되었을 것이라고 필자는 생각한다.

3. 원주민 어린이 사역

지난 캐나다 원주민 선교 역사가 증명하듯, 원주민 선교에 있어 다음 세대 어린이 사역의 중요성은 아무리 강조해도 부족하다. 따라서 필자는 원주민 사역 초창기에 어린이 사역에 중점을 두는 것은 매우 탁월한 선택이며, 중점에 둘 사항은 바로 핵심적인 복음과 더불어 건강한 가치관 발달을 위한 윤리 교육이라고 생각한다.

지난 20여 년간 다양한 원주민 부족을 방문하면서 경험한 것은, 어디든 공통으로 원주민 아이들이 기본적인 윤리나 예절 교육 등을 받지 못한 경우가 많다는 것이다. 그리고 이러한 윤리 교육의 부재로 인해 종종 일어나는 일은 주일 학교 후에 교회의 물건들을 아무런 죄책감 없이 가져가는 것이다.

2015년 여름 성경 학교 때 필자가 원주민 아이들에게 말씀을 전하는 장면.

이러한 행동에 대해 한 아이와 이야기해 봤더니 자신은 '빌려 가는 거였다'라고 하지만 당연히 그 과정에는 허락도 없었고, 아이는 다시 반납할 생각도 없었다.

어렸을 때는 그러려니 하고 넘길 수 있을지 모르겠지만 이러한 윤리 의식의 부재는 아이가 성인이 되었을 때 범죄 수준의 도둑질과 마약성 약물의 남용, 무분별한 성관계 그리고 그로 인한 출산과 자녀의 방치 등으로 이어지게 되고 결국에는 자기의 목숨까지도 쉽게 생각해 자살에 이르게 되기도 하는 것이다.

윤리 교육은 바로 훈육과 예절의 교육부터 시작될 수 있다. 차분히 앉아서 짧은 시간 동안 이야기 듣는 것조차 훈련되어 있지 않은 아이들이 많기에 여름 성경 학교 등을 진행할 때는 말씀 시간을 보통 5분에서 10분 이하로 복음의 핵심적인 내용만을 전달하는 것이 좋다.

2016년 필자가 섬기는 원주민 교회에서 진행된 여름 성경 학교.

2019년 필자가 섬기는 원주민 교회의 아동부 전도사님이 원주민 아이들을 심방 하는 장면.

그 이외에는 이미 이야기한 대로 기본적으로 앉아서 인내하는 것과 말에 순종하는 것, 물건을 가지고 다투지 않고, 허락 없이는 교회 물건을 함부로 가져가지 않는 것 그리고 약속 잘 지키기 등 기본적인 윤리와 예절 등을 하나하나 잘 가르치는 것이 매우 중요하다.

하지만 많은 경우 이러한 훈육에 익숙하지 않아서 아이들이 쉽게 울기도 하며 마음에 상처받을 수도 있기에 억양과 단어 등에 매우 조심해야 한다. 그리고 오랜 시간이 걸리더라도 아이들이 이러한 훈련이 되어야지만 비로소 한 단계 한 단계 나아갈 수 있기에 인내를 가져야 한다.

2019년 필자가 섬기는 원주민 교회의 주일 학교 모습으로 교육부 담당목사님이 예배를 인도하고 있다.

이러한 이유로, 필자가 섬기는 원주민 교회에 단기 선교팀이 오면 꼭 강조하는 사항은 바로 하나님의 사랑을 아이들에게 보여 주는 것만큼 옳고 그름과 예절 그리고 서로에 대한 존중을 가르치는 것이 중요하다는 것이다.

그리고 꼭 한 가지 명심해야 할 사항은 성인 원주민들이 와서 참관하고 있을 때는 아이들 훈육을 더욱 특별히 조심해야 한다. 자기들이 원주민 아이들을 혼내고 야단치는 것에는 별문제 없지만, 타인종이자 외부인이 원주민 아이들에게 조금이라도 엄격한 모습을 보이면 예전에 겪었던 피해 의식 때문인지 매우 민감하게 받아들이기 때문이다.

　이러한 상황에서는 차라리 참관하고 있는 성인 원주민이나 나이가 조금 더 있는 원주민 청소년에게 문제 아이를 맡기거나 도움을 요청하면 좀 더 수월하게 일이 해결될 수 있으며, 실제로 원주민 어른들이 말하면 더 잘 듣는 편이다.

　그리고 무엇보다 원주민 어린이 사역이 더 효과적으로 이루어지고 열매 맺기 위해서는 청소년 시기까지 장기간 지속적인 교육이 필요하며, 말씀 뿐만 아니라 정서와 가치관 더불어 학문적인 교육이 함께 가야 한다. 지성이 갖추어져 있지 않다면, 나중에 건강한 크리스쳔이 된다고 할지라도 정규 신학교나 대학으로 진학할 수 없기에 자기 공동체에서 리더로서 영향력을 갖기가 힘들다.

　실제로 몇몇 선교사님이 수십 년 동안 다음 세대 사역에 헌신한 결과 여러 명의 건강한 삶을 살아가는 원주민 청년들을 길러낼 수 있었는데, 정작 학문적인 교육을 제대로 받지 못해 대학이나 정식 신학교에 들어갈 수가 없어, 원주민 공동체로 돌아가 크리스쳔 리더로서 영향력을 발휘하는 것과 같은 다음 단계로 나아갈 수 없었던 사례가 적지 않다.

　그리고 원주민 신학 교육과 관련해 필자가 참여한 모임에서 한 목사님이 지적한 내용은 반지하 신학교(Basement Bible College: 비인가 학교)는 정식으로 학위를 받을 수 없다. 따라서 때로는 변호사나 간호사 또는 박사 학위가 있는 원주민 공동체에서 제대로 인정을 받을 수도 없다. 그뿐만 아니라 정식 신학교에서 학점이 인정되는 것도 아니기에 이러한 교육을 받은 원주민들을 더욱 낙담하게 만든다는 것이었다.

그런데도 꾸준히 선교사님들이 이러한 비인가 신학교를 운영하는 것은 결국 적지 않은 원주민이 고등학교조차도 졸업하지 못했기 때문이다. 따라서 이를 뒷받침할 수 있도록 좀더 효과적인 어린이 사역을 위해서는 반드시 학문적인 교육도 함께 이루어져야 한다.

원주민 어린이 사역에서 교육 못지않게 중요한 또 다른 요소는 건강하지 못한 환경에 노출되는 것을 줄여야 한다는 것이다. 아무리 여름 방학 동안 여름 성경 학교를 운영하고 매주 주일 학교를 운영해도, 건강하지 못한 환경에 노출되어있는 시간이 길다 보니 이 아이들이 변화되기가 매우 어렵다.

따라서 쳇바퀴 돌 듯 매년 일회성 단기 선교를 통한 여름 성경 학교만으로는 지성을 갖춘 리더로 성장하는 데 한계가 있을 수밖에 없다. 필자가 사역하는 원주민 교회에서는 원주민 아이들의 학문적인 교육과 건강하지 못한 환경에 노출되는 것을 최대한 줄이려는 방안으로 원주민기독교학교 설립을 계획하고 준비하는 과정에 있으며 이러한 원주민기독교학교에 관한 내용은 마지막 결론에서 자세히 다루도록 하겠다.

마지막으로 책임감을 길러 주는 것 역시 원주민 어린이 사역에 있어 매우 중요한 요소라 할 수 있다.

이러한 방법들을 정리하면 다음과 같다.

효과적인 어린이 사역을 위한 방법론

- 장기간 이뤄져야 한다.
- 청소년 시기까지 지속적인 교육이 필요하다.
- 말씀 교육, 정서/가치관 교육, 학문적인 교육
- 건강하지 못한 환경에 노출되는 것을 줄여야 한다.
- 자기 민족에 대한 책임감을 길러 줘야 한다.

4. 원주민 청소년 사역

1) 원주민 청소년 사역

원주민 선교에 있어 청소년 사역은 전문적인 지식과 기술을 필요로 하는데, 그 이유는 이미 서론에서 언급했듯이 십 대에 자녀를 낳고 부모가 되어있는 경우가 많지만, 적지 않은 원주민 부모가 자녀의 양육과 교육에 대한 책임감이 빠져 있기 때문이다.

그러므로 원주민 청소년을 대상으로 하는 사역은 특별히 부모로서의 책임감과 더불어 건강한 부모가 될 수 있도록 돕는 전문적인 교육이 필요하다.

이와 더불어 성경적인 결혼관을 통해 결혼하도록 장려하고 또한 건강한 부부 생활을 위해 부부 학교나 부부 상담이 매우 중요하다. 실제로 원주민 사회에서는 정식으로 결혼하는 예도 드물고 설사 결혼했다고 해도 건강한 결혼 생활을 유지하지 못하는 경우가 많다.

그래서 필자의 경우 항상 원주민들에게 배우자와 정식으로 결혼해서 살기를 권면하고 있고, 만약 필자에게 결혼식 집례 요청이 들어오면 최소한 한두 번은 꼭 결혼예비학교(Pre-marriage Counselling)에 참석하게 하여 결혼에 대한 올바른 이해와 필요한 헌신을 가르친다. 그리고 결혼이라는 제도는 원주민들도 믿는 창조주가 만든 것이기에 절대로 깨어질 수 없는 약속이라는 것도 꼭 교육하고 있다.

2018년 필자가 원주민 성도의 결혼식을 집례하는 장면.

그리고 마지막으로 직업 윤리와 직업 기술 훈련 역시 원주민 청소년 사역에 있어 매우 중요한 요소 중에 하나로서, 적지 않은 원주민들이 안정적인 직업을 갖기 어려운 이유는 바로 이러한 직업 윤리의 결여 때문이다.

한 예로 필자가 사역하는 원주민 교회에 출석하던 한 백인 성도가 섬기는 마음으로 특별한 직업이 없던 원주민 성도에게 목수일을 제안했고, 가장 먼저 교육한 것은 다름 아닌 약속한 날 제시간에 일을 나오는 것이었는데 종종 일에 나오지 않아 목수 일을 가르치기가 매우 쉽지 않았던 것으로 기억한다.

이러한 직업 윤리의 결여는 전문적인 기술을 갖기 어렵게 만들뿐만아니라 이는 결국 원주민들이 안정적인 직업을 갖기에도 어려운 상황으로 이끈다. 그뿐만 아니라 직업 윤리 교육은 원주민이 안정적으로 성경 공부나 제자 훈련에 참여할 수 있는 능력을 부양하므로 신앙 교육을 위해서도 반드시 이루어져야 할 교육이라고 생각한다.

청소년 사역의 특징	전문적인 지식과 기술을 필요로 한다
	• 정체성 확립 • 부모 교육 • 결혼에 대한 가르침 • 부부 상담 • 직업 훈련(반드시 건강한 가치관의 확립이 필요하다)

제4장 단기 선교 시 고려해야 할 사항들

1. 교회의 유익

앞서 이야기한 대로, 선교는 교회에 매우 큰 유익을 주지만, 교회가 이러한 선교를 감당할 충분한 여력이 없다면, 오히려 해가 될 수도 있다. 그리고 지역 교회가 건강해야 선교가 일회성에서 끝나지 않고 지속할 수 있으며 충분한 자원을 선교지에 투자할 수 있다.

무엇보다 교회가 과연 진정한 의미의 선교를 감당할 수 있는 역량이 되는지 그리고 성도들의 영적 성숙도가 과연 선교에 참여할 수 있는지 등이 우선 고려되어야 하며, 교회가 단기 선교를 시작하거나 참여할 수 있는 여력이 된다면, 다음으로 고려해야 하는 것은 선교지의 유익이다.

2. 선교지의 유익

필자 역시 단기 선교팀을 이끌고 선교지를 갔을 때 선교지에 더 많은 유익이 되도록 노력을 기울여 프로그램을 계획하였다. 더불어 선교사님이 계시다면 선교팀이 방문하는 기간 동안 선교사님이 조금이라도 쉴 수 있도록 배려하며 단기 선교가 끝난 후에는 힘과 위로가 되기를 바라는 마음으로 적지 않은 액수를 개인 용도로 선교사님이 쓰실 수 있도록 헌금을 했다.

만약 현지에 선교사님이 없는 상황이라면 현지 원주민 마을의 밴드오피스에 방문해서 필요한 물품이나 마을의 발전 또는 장학금 명목으로 현금 등을 기부함으로 앞으로도 마을에서 환영받는 선교팀이 되도록 노력했다.

하지만 필자가 원주민 교회에 부임하면서 이제는 선교팀을 맞이해야 하는 상황이 되었는데, 지난 수년 동안 경험한 바에 따르면 이렇게 현지 선교사의 유익을 고려하는 교회나 선교팀도 있지만 그렇지 않은 경우도 적지 않다는 것이다.

적어도 필자의 원주민 교회에서는 일 년 내내 주일 사역과 더불어 심방과 기도 모임 그리고 성경 공부 등 교회로서의 기본적인 사역들이 진행되며 이외에도 결혼식과 장례식 등 각종 마을 행사와 더불어 일 년에 네 차례 부활절과 초여름, 추수감사절 그

2021년 12월 19일 필자가 섬기는 원주민 교회의 성도들이 성탄절 대심방을 나가며 심방 때 나눠줄 선물을 들고 함께 찍은 사진.

2021년 성탄절 대심방 때 크리스마스 선물을 나눠 주며 복음을 전하는 장면.

리고 크리스마스 때 필자가 섬기는 원주민 부족의 모든 가정을 방문하는 대심방을 진행한다.

이렇게 사역이 빡빡하게 돌아가는 환경에서 단기 선교팀의 방문은 큰 힘이 되며, 그동안 제한된 역량으로 할 수 없었던 여름 성경 학교와 같은 사역들을 진행할 좋은 기회가 된다.

하지만 어떤 선교팀은 이미 기존의 사역들로 인해 많이 지쳐있는 현지 선교사들의 상황은 전혀 고려하지 않고, 본인들이 준비한 프로그램만을 우선시해 오히려 현지 선교사들과 선교지의 모든 자원을 그들의 프로그램에 동원하거나 참여를 요구해 선교사들을 아주 힘들게 하는 일도 있다.

그뿐만 아니라 선교지의 필요를 알려 주어도 전혀 개의치 않고 자기들이 할 프로젝트만 진행하는 일도 있어 오히려 단기 선교팀이 돌아간 후에 일을 수습하느라 힘든 적도 있었다. 이런 선교팀

2017년 필자가 섬기는 원주민 교회 예배 사역.

이 돌아간 뒤에는 감사함보다는 씁쓸함이 남고, 다음에 다시 돌아온다고 하면 별로 반갑게 여기지 않게 된다.

이처럼 선교지에 단기 선교팀을 보내는 것이 오히려 유익이 되지 않을 때는 단기 선교팀을 파송하는 데 들어가는 비용을 차라리 선교 헌금으로 보내는 것이 더 큰 도움이 될 수도 있다.

2018년 필자가 섬기는 원주민 교회 주일 예배 후 식사 교제.

2018년 필자가 섬기는 원주민 교회 여름 야외 예배.

따라서 단기 선교를 준비할 때 선교지의 유익을 고려함으로 민폐를 끼치는 선교팀이 아니라 선교지로부터 환영받고 유익을 끼치는 여러분의 교회가 되기를 소망한다.

2021년 필자가 원주민 장례식을 집례하는 모습.

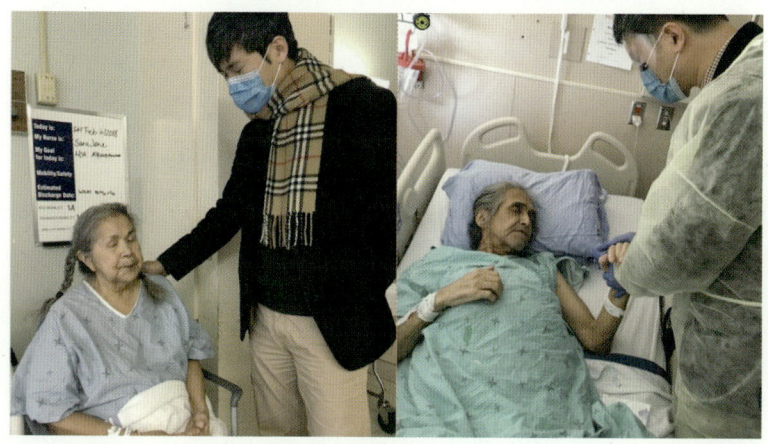
2018년 필자가 섬기는 원주민 교회의 환후 심방.

3. 미래에 파송될 선교사를 위한 유익

　세 번째 고려할 사항은 미래에 파송될 선교사를 위한 유익이다. 앞서 언급한 대로 현지에 선교사가 있더라도 사역의 확장을 위해 가장 필요한 것은 바로 장기간 함께할 동역자이며, 이는 캐나다 원주민 선교 뿐만 아니라 모든 선교지에 동일하게 적용되는 필요일 것이다.

　그리고 현지에 선교사가 없다면 아무리 오랫동안 단기 선교를 하러 간다고 하더라도 사역의 지속성과 안정성의 결여로 열매 맺는 사역이 되기 매우 어려우므로 언젠가는 반드시 현지에 장기 선교사를 파송해야 할 필요가 있다.

　그러므로 비전 트립을 하는 단계가 아니라면 단기 선교 시 그해에 있을 단기 선교 프로젝트만 생각할 것이 아니라, 이 선교가 성장을 해서 나중에는 현지에 선교사를 파송할 것까지 염두에 두는 거시적인 선교 전략이 필요하다.

　이를 위해 앞으로 파송될 선교사를 위한 선교비를 모으기 시작해야 하는데, 우선 삼 년치 정도의 사례비를 모으면 선교사 파송이 가능하다. 이를 단기 선교 예산에 적용해 시작하는 것도 좋은 방법이다. 물론 선교사를 파송한 뒤에는 모아둔 사례비에 조금씩 선교비를 추가하면 어렵지 않게 장기적인 후원이 가능하다.

　그밖에도 열 가정이 헌신해 십일조를 하면 한 가정을 선교사로 파송할 수 있다. 또한, 현지에 선교사가 없다면 매년 단기 선교하러 갈 때마다 어느 집에 누가 사는지 등의 현지에 대한 데이터베이스를 만들어 두는 것도 미래에 파송될 선교사에게 큰 도움이 될 수 있다.

이처럼 미래에 선교사 파송을 계획함으로 단기 선교에 임한다면, 단기 선교는 한해의 행사로 끝나는 것이 아니라 진정한 선교로 이어지며 성도들에게도 큰 도전과 신앙의 목표가 될 것이다.

4. 성도 개인의 유익

마지막으로 단기 선교에 앞서 고려해야 할 사항은 바로 개인의 유익이다. 앞서 예수제자운동의 서관옥 간사의 글[1]을 통해 소개한 것처럼 단기 선교는 성도 개인에게 많은 유익이 된다. 하지만 모든 성도에게 이것이 적용되는 것은 아니다.

필자가 그간 경험한 여러 사례가 있는데 그중 하나는 단기 선교에 참여한 청소년이 원주민에게 마리화나를 얻어 피워 큰 문제가 된 적도 있고, 어떤 경우에는 외부인에게 적대적인 원주민들이 돌을 던지자 맞서 원주민과 싸운 일도 있으며, 일정마다 선교 팀원들을 붙잡고 불만 불평을 내뱉는 참가자도 있었다.

---

[1] Ibid., 133.

이런 사례들의 공통점은 선교에 참여할 준비가 전혀 되지 않았던 참가자들로, 보통 부모님들이 자녀들에게 문제가 있으면 선교를 통해 뭔가 자극받기를 원하는 마음으로 자녀들을 강제로 선교에 참가시키는 경우에 해당 되었다. 그리고 이렇게 준비되지 않았을 때, 선교에 참여한다면 선교로 인한 유익은 반감되거나 오히려 해가 될 수도 있다

반대로 선교의 준비가 된 성도들에게는 많은 유익을 주는데, 준비가 잘 되어 있을수록 더 큰 유익이 있기에 필자는 선교 참가자들을 더욱 단단히 준비시키고자 큰 노력을 했다. 그중 하나는 아무리 일주일 남짓한 짧은 단기 선교라 할지라도 선교 시 일어날 수 있는 최악의 상황들을 상기시키고, 이 선교가 정말 인생의 마지막 선교 여행이라는 마음가짐을 갖도록 유서를 작성하도록 했다.

또 다른 사례로는 선교지를 고를 수 있는 상황에서 한 참가자가 자기가 원하는 선교지만 고집하자 필자는 "내가 원하는 대로 가는 것은 여행이고, 내가 원하지 않더라도 가는 것이 선교"이며,

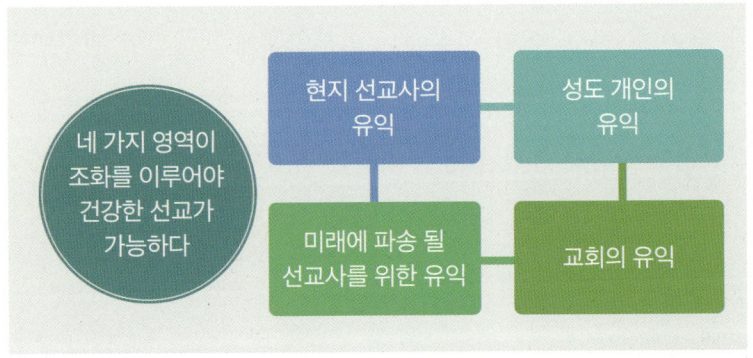

"만약 자신의 주장을 굽히지 않을 거라면 차라리 선교를 가지 않는 것이 좋겠다"라고 권면했다.

결국, 이 참가자는 마음을 돌렸으며, 이후 필자는 처음부터 이 참가자가 가기를 원했던 선교지로 갈 수 있도록 배려했는데, 같은 장소를 가더라도 여기에는 큰 차이가 있다.

이전에는 자기의 고집이 들어가 있었다면, 이제는 교회와 선교지가 필요한 곳으로 가길 바라는 순종의 마음이 있기 때문이다. 이처럼 단기 선교를 하러 가는 데 있어 참가하는 성도들의 유익을 충분히 고민해 보고 만약에 참가자에게 유익이 되지 않는다면 선교 참가를 제한해야만 할 것이며 선교에 참여할 준비가 되어 있다면 선교의 유익이 극대화되도록 큰 노력을 기울여야 할 것이다.

제5장

원주민 선교지 가이드라인:
단기 선교를 떠나는 선교사와 교회의 자세

 이 장은 제3부 교회와 원주민 선교를 정리하는 장으로, 제3부의 내용을 종합해 질문들로 만들어 보았다. 이러한 질문들에 하나하나 대답해 봄으로써 단기 선교를 떠나는 선교사와 교회가 어떤 마음과 자세로 선교에 임해야 하는지 생각해 보는 시간을 가져 보길 바란다.

Step 1

- 단기 선교가 교회에 유익이 되는가?
- 교회가 선교를 감당할 만한 충분한 역량이 되는가?
- 단기 선교를 통해 교회에 어떤 특별한 유익이 있기를 기대하는가?
- 이번 단기 선교가 선교지에 유익이 되는가?

▎구체적으로 어떠한 방법으로 선교지에 유익을 끼치겠는가?

▎이번 단기 선교가 미래에 장기 선교사를 파송하는 데 어떠한 유익이 있는가?

▎어떠한 방법으로 예산을 모으며, 어느 시기에 장기 선교사를 파송할 것인가?

▎이번 단기 선교로 인한 성도들의 유익은 무엇인가?

▎이번 단기 선교로 인한 성도들의 유익을 극대화 시킬 방법은 무엇인가?

 Step 2

▎이번 단기 선교의 목적은 무엇인가?
  * 한 세대를 변화시키겠다는 헌신을 가지고 선교지를 입양하는 것 – 단기 선교
  * 앞으로 입양할 선교지를 탐사하는 것 – 비전 트립
  * 위의 둘 다 아니다 – 종교 여행

▎이번 단기 선교의 목적이 진정한 선교라면 궁극적인 목표는 무엇인가?

▎단기 선교를 통해 궁극적으로 선교지로부터 어떠한 결과를 소망하는가?

▎이 목표를 이루기 위해 어떤 거시적인 그리고 성장하는 선교 계획을 세우고 있는가?

▎이번 단기 선교를 통해 이루고자 하는 목표는 무엇인가?

단기 선교를 계획하면서 이러한 질문들을 생각하고 답변해 봄으로써 과연 우리 교회가 또는 내가 선교에 대해 잘 준비되어 있는지 살펴보아야 한다.

교회와 선교지, 미래에 파송될 선교사와 성도 개인에게는 어떠한 유익이 있을지 그리고 이러한 유익을 극대화하기 위해 어떤 전략을 세우고 있으며, 과연 이번 단기 선교가 비전 트립을 위한 것인가 아니면 적어도 한세대의 전인격적인 변화와 진정한 선교를 기대하며 헌신의 각오를 다지고 있는가 등을 점검해 보아야 할 것이다.

그리고 선교지에 도착하면 그때부터는 위의 질문들에 관한 생각은 접고, 선교지마다의 가이드라인을 듣고 엄수해야 한다. 이러한 선교지 가이드라인은 선교팀의 안전과 선교 사역의 보호를 위해 선교사님들의 수년간의 경험으로 만들어진 것이기에 반드시 가이드라인을 잘 명심하고 따라야 할 것이다.

필자의 원주민 교회에서 단기 선교팀에게 제공하는 현지 원주민 사역지 가이드라인은 다음과 같다.

(1) 여러분들은 이 원주민 교회를 대표하고 있습니다. 여러분들의 모든 행동이나 사용하는 언어는 더이상 개인적인 문제가 아니라 이 교회의 문제이며 앞으로 이 마을 원주민들과의 관계에 매우 큰 영향을 끼친다는 것을 인지해 주시기 바랍니다.

(Please be conscious that you are a representative of this Native church. Your actions and words directly reflect the image of the church to the people of the community).

그동안 방문한 선교팀들의 공통점은 모두 자기 교회의 이름이 새겨진 티셔츠를 만들어 선교 기간 내내 그것을 입고 활동한다는 것이다. 하지만 선교팀이 선교지 특별히 현지에 교회가 있는 경우에는 그 교회에 소속되어 그 교회의 일원으로 사역에 임하게 된다.

그래서 원주민 마을에 나가면 선교팀을 파송한 교회의 이름을 소개하는 것이 아니라, 현지 원주민 교회에서 나왔음을 밝히고 행사에 초청하거나 원주민 아이들을 여름 성경 학교 등으로 데려오는 일을 하게 되며, 어떠한 사고가 발생 시 그 모든 일은 현지 원주민 교회의 책임이 되는 것이다.

이러한 이유로 필자는 단기 선교를 계획하고 있는 교회에 이러한 상황을 미리 알려 현지 원주민 교회의 이름이 새겨진 티셔츠를 만들도록 권면하며 팀원들이 왔을 때도 선교지에 머무는 동안 철저히 원주민 교회의 일원으로 행동하도록 교육하고 있다.

(2) 저녁 9시부터 오전 9시까지는 조용히 해 주세요.
(No Noise between 9pm to 9am).

본 교회는 원주민 보호 구역과 나나이모시 사이의 경계에 위치해 있어 인근에 주거지가 없는 외딴곳도 아니며 원주민 보호 구역 안도 아니기에 교회 주변에 있는 가정집들은 모두 비 원주민들이 사는 일반 가정으로 밤과 아침에는 조용히 해주는 것이 상식이다.

이웃들의 평안한 가정생활을 지켜 주기 위해서도 이 시간에는 조용히 할 필요가 있다. 그리고 만약 원주민 보호 구역 안에서 머문다고 할지라도 야간에 원주민들이 마약이나 술에 취해 고성을 질러대면 원주민들도 이런 모습은 별로 좋게 보지 않는다.

예수 그리스도의 복음을 전하는 자들로서 세상에 빛과 소금으로서의 모범을 보여야 할 의무가 있기에 선교팀은 야간에는 조용히 함으로 모범이 되길 바란다.

(3) 오전 9시부터 저녁 9시까지는 정말로 중요한 일이 아니라면 현지 선교사들에게 연락하지 말아 주세요.
(Sabbath Hours for the pastors between 9pm to 9am).

필자가 사역하는 곳은 현지 교회다. 그러므로 이미 위에서 언급한 대로 일 년 내내 교회로서 해야 하는 사역들이 돌아가고 있어, 선교팀이 오기 전에도 또 떠나간 후에도 많은 사역이 진행된다.

이러한 환경에서 만약 리듬이 깨지면 다음 사역에 큰 지장이 생기기 때문에, 현지 선교사들은 계속해서 규칙적인 생활 패턴을 유지해야 할 필요가 있다. 저녁 9시부터 다음 날 아침 9시까지는 현지 선교사들이 개인적인 시간을 가지고 충분히 쉴 수 있도록 특별한 일이 없다면 연락을 금하고 있다.

(4) 현지 목회자는 여러 다른 사역들로 인해 바쁠 수 있습니다. 현지 목회자가 필요한 일이 있으면 사전에 알려 주세요.

(The pastor can be occupied with other Ministry-related work. Please notify him ahead if he is to be needed).

위에서 이미 언급한 대로, 이곳은 선교지이면서 교회이다. 그리고 필자는 담임목사로서 심방과 성경 공부, 행정, 예배 사역 기도 사역 그리고 장례식이 있다면 가장 우선순위로 돌봐야 하는 등 기본적인 교회 사역이 이미 있다.

그리고 단기 선교팀은 이 교회의 많은 사역 중 일부를 돕는 것이기에 필자가 이 사역에 매달려 항상 함께할 수는 없다. 그러므로 필자가 꼭 필요한 경우라면 미리 사전에 통지함으로 필자가 일정을 조절할 수 있도록 이렇게 지침을 주고 있다.

(5) 식사 시간이나 쉬는 시간에는 같은 선교팀원들보다는 원주민 친구들과 함께 앉아 교제를 나눠 주세요.
(Do not remain amongst yourselves in your familiar groups. Instead mingle with the First Nations members, especially during meal time or break time between programs).

선교는 프로그램만 진행하는 것이 아니라 현지 선교 대상과 관계를 맺고 그 관계를 통해 하나님의 사랑과 예수 그리스도의 복음을 전하는 것이다. 프로그램이 끝났다 할지라도 선교의 의무가 없어지는 것이 아니라, 한 명의 원주민이라도 함께 있다면 그 모든 순간은 바로 복음을 전하는 시간이기에 특별한 일이 아니라면 선교 대상자와 함께하며 복음을 전할 기회로 삼아야 한다고 권면한다.

(6) 원주민들에게 개인 연락처나 SNS를 알려 주지 마세요.

(We advise against sharing personal contact information with individuals).

필요할 때 교회 차원에서 목회자의 지도 아래 연락을 주고받을 수 있도록 해야 한다. 개인적으로 연락을 주고받다 보면, 원주민들은 진짜로 상대방을 만나러 밴쿠버나 어디든 방문하기도 한다. 하지만 이러한 방문이 우리가 생각하는 상식적인 수준에서 하루나 이틀 정도 방문하는 것이 아니라 수개월 또는 아예 눌러앉을 수도 있다.

이는 개인이 감당할 수 있는 수준이 아닐뿐더러 서론에서 언급한 대로 십 대 초반만 되어도 성관계를 맺고 임신하는 경우가 많아 어리다고 할지라도 이성을 성적 대상으로 생각할 수 있다. 이에 원주민에게 있어 이성간에 대화와 만남은 더욱 특별히 조심히 할 필요가 있다.

이러한 이유로 필자는 원주민 아이들과의 지속적인 연락은 선교팀을 파송한 교회 차원에서 목회자의 감독 아래 이루어질 수 있도록 권면하고 있다.

(7) 언제나 적어도 두 명 이상 함께 다니세요. 또한, 교회 밖으로 나간다면 나가기 전에 꼭 리더에게 알려 주세요.

(Anytime, please remain in small groups of at least two. Also, please notify your leader whenever you leave the church grounds).

필자가 섬기는 교회가 아무리 도시 인근에 있다 할지라도 원주민 마을에서 실종 사건은 놀라운 일이 아니다. 그리고 원주민들이 평상시에는 괜찮아 보여도 술과 마약에 취하다 보면 어떤 일을 벌일지 아무도 모른다. 때문에 교회 밖을 나갈 때는 반드시 두 명 이상이 함께하며 리더에게 알려 만일의 상황에 대비해야 한다고 강조한다.

(8) '이' 감염은 매우 일상적인 일입니다. 이러한 감염을 방지하려면 원주민 아이들의 머리를 쓰다듬거나 만지지 마시고, 바닥을 짚었던 손으로 머리를 만지지 마세요.
(Lice infestation is very common. To prevent this, avoid touching the children's heads or touching your own head after touching the floors).

아무리 도시 인근에 있는 원주민 마을이라 할지라도 많은 원주민 아이가 부모로부터 제대로 된 양육이나 관심을 받지 못할 뿐만 아니라 부모와 함께 사는 아이들도 많지 않다.

그러다 보니 자주 씻지도 않고 누가 챙겨 주지를 않아 머리에 이가 있는 경우가 종종 있으며, 필자의 아내도 이가 옮은 적이 있다. 이러한 이유로 이가 옮는 것을 방지하기 위해 유의 사항을 선교 팀들에게 주지시키고 있다.

(9) 위생상의 이유로 항상 일회용 또는 끓는 물로 살균 처리된 도구들을 사용하며, 만약 원주민 아이들에게 피가 나는 상처가 있다면 항상 위생 장갑을 끼고 상처를 치료하세요.
(For hygienical reasons, always dispose or sanitize used utensils with boiling water. For any bleeding of open wounds, always use gloves to handle).

서론에서 언급한 대로 원주민 마을에서의 성병 전염률은 매우 심각한 상황이다. 그리고 이러한 질병은 같이 사는 가족으로부터 전염될 위험이 있기에 아무리 어린아이라도 만약 상처가 있다면 반드시 장갑을 끼고 상처를 치료해야 하고, 식기들도 끓는 물로 살균할 게 아니면 일회용을 써야만 한다.

(10) 항상 깨끗하게 교회 건물을 사용해 주시고, 쓰레기들은 교회나 뒷마당에 쌓아놓지 마시고 지역 쓰레기장에 직접 버려 주세요.
(Please use the building in a tidy manner. For garbage disposal, please use the Nanaimo Regional Landfill 1105 Cedar Rd, Nanaimo, BC V9X 1K9).

어떤 선교팀은 교회 뒷마당에 쓰레기를 잔뜩 쌓아놓고 가는 경우가 있다. 선교팀은 인력이 충분하기에 손쉽게 치울 수 있지만, 선교지에는 언제나 일손이 부족하기에 보통 필자 혼자 또는 부목사님과 둘이 치우게 되는 데 정말 쉽지 않은 일이다.

이왕 선교지를 도와주러 온 것이라면 쓰레기까지 깨끗하게 치워 뒷정리를 깔끔하게 함으로 현지 선교사들에게 추가적인 일을 만들지 않도록 권면하고 있다.

(11) 이곳은 선교지입니다. 아이들이 한 명도 나오지 않는 등의 어떠한 일도 발생할 수 있습니다. 그렇기에 어떠한 상황에서도 낙심하기보다는 로마서 12:12 말씀과 같이 항상 기쁨과 평안함 가운데 인내하세요.
(As a mission field, there are always unexpected variables. There can even be times when nobody shows up. We'd like to remind the team not to be discouraged and to always remember Romans 12:12 and remain patient with peace and joy).

필자가 그동안 사역하면서 경험한 바로는 날씨가 좋지 않아도, 날씨가 좋아도, 나나이모시나 원주민 마을에 행사가 있어도, 또는 그날이 밴드오피스로부터 생활비를 받는 날이면 원주민들을 마을에서 찾아보기가 힘들다.

특별히 필자가 사역하는 원주민 마을이 교통이 편리한 도심지 인근이기에 더욱 쉽게 인근 도시나 다른 지역으로 나간다. 주일날이 이런 날이면 아무도 주일 예배에 참석하지 않고, 선교팀이 왔다 할지라도 이런 날이 겹쳐있으면 아무도 안 올 수도 있다. 그러므로 필자는 항상 이런 지침을 통해 선교팀이 어떤 상황에서도 낙담하지 않도록 준비시킨다.

(12) 선교팀이 섬김과 인내로 아이들에게 하나님의 사랑을 보여 주는 것도 중요하지만 옳고 그름이나 예절 그리고 상대방에 대한 존중을 가르치는 것도 매우 중요합니다.

(Education of proper manners, self-discipline and respect is just as important as showing love and affection).

앞서 이야기한 대로, 많은 원주민 아이가 무엇이 옳고 그렇지 않은지 교육을 잘 받지 못한 경우가 많다. 그리고 이러한 윤리의식의 부재는 미래에 아이들의 인생을 파멸로 이끌어가는 중요한 요소 중의 하나이기에, 복음을 전하는 것도 중요하지만 이 아이들이 무엇이 잘못된 행동인지 교육과 훈육 등을 통해 바른 윤리의식 교육을 하는 것도 병행되어야 한다.

(13) 선교지에서의 필요는 다양하고 계획된 것이 아닐 수도 있습니다. 여러분 자신의 만족보다는 선교지의 성장이 목적이므로 현지 선교사와 그들의 필요를 최우선으로 여겨 주세요.

(The need of the mission field can vary and may not be what the team had planned. The purpose of the outreach team is not self-satisfaction but to help the existing local ministry thrive. Communicate with the local minister and prioritize their needs).

많은 선교팀을 받다 보면 그중에서는 꼭 자신이 원하는 것을 고집부리는 팀원들이 있는 경우를 종종 본다. 사역이 끝났어도 한 명의 원주민이라도 남아 있다면 함께해야 하는데 같은 팀원들끼리만 어울려 논다던가, 청소 시간에 같이 청소하지 않고 자기 일을 한다.

심지어는 필자가 부탁해도 대답만 하고 이행하지 않을 때가 많다. 선교는 현지 선교사를 돕고 섬기러 온 것이지 내 마음대로 하는 것은 여행이나 마찬가지라는 것을 가르침으로 자기가 싫어하는 일이라고 할지라도 순종할 수 있는 마음을 갖도록 이러한 지침을 통해 권면한다.

(14) 아이들이 교회에 있는 동안에 아이들을 관리하는 것은 교회의 책임입니다. 그렇기에 여름 성경 학교가 진행되는 동안에는 절대로 어떤 아이들도 교회를 떠나거나 팀원들의 관리를 벗어나선 안 됩니다 (자신들이 걸어서 직접 온 아이들은 예외).
(While the children are in the church, it is our responsibility to oversee them. Please be sure there are no children leaving the church grounds or the supervision of the team during Children programs) (When they were picked up).

필자가 섬기는 원주민 부족은 해안선을 따라 네 개의 마을로 나뉘어 있다. 그중 밴드오피스가 있는 최고로 큰 마을이 1번 마을이고 필자가 섬기는 교회도 이 1번 마을 입구에 자리 잡고 있으며 인근 도시를 걸어갈 수 있을 정도로 아주 가까운 위치에 있다.

그런데 한 번은 인근 도시에서 멀리 떨어진 마을에 사는 아이들이 선교팀이 제공하는 라이드를 통해 교회를 왔다가 걸어서 인근 도시로 가버린 경우가 있었다. 문제는 이 아이가 교회를 무단으로 이탈해도 선교팀 그 누구도 신경 쓰지 않았다는 것이다.

다행히 이 아이가 교회를 이탈할 때 함께 간 사촌이 있는데 이 사촌이 그래도 나이가 어느 정도 있는 사촌이라 아이의 부모가 변명을 받아 주기는 했지만, 매우 중요하게 선교팀이 주의해야 할 사항은, 라이드를 통해 아이들을 데리고 왔으면 이 아이들이 다시 집으로 돌아갈 때까지는 전적으로 교회와 선교팀의 책임이라는 것이다.

아무리 은혜가 충만한 선교였다 할지라도 단 한 가지의 불미스러운 일만 발생해도 최악의 상황에는 실패한 선교가 될 수도 있다.

그러므로, 앞서 살펴본 가이드라인이 모든 선교지에서 적용되지는 않겠지만, 이러한 내용을 통해 선교지에서 유의해야 할 사항들을 잘 유념함으로 선교지에 끼치는 피해를 최소화할 뿐만 아니라 어떠한 불미스러운 일도 일어나지 않도록 최선을 다해야 할 것이다.

제4부

누구나 캐나다 원주민 선교사가 될 수 있다!

제4부에서는 개인으로서 어떻게 원주민 선교사가 될 수 있는지에 대한 지침을 제시하는 장이다.

넓은 캐나다의 땅 크기만큼 지역적인 특색이나 각 부족의 성향 그리고 기숙 학교 영향의 정도 등에 따라 사역의 내용이 천차만별 다를 수 있기에 단편적인 지식과 경험만으로는 그 사역을 판단하거나 캐나다 원주민 선교 전체를 일반화하는 것은 불가능하다.

그럼에도 필자의 경험에 따르면 몇 가지 질문을 통해 대략적으로나마 다양한 원주민 사역들을 분류하며 그 차이를 이해할 수 있는데 그 질문들은 다음과 같다.

원주민 선교 대상자가 원주민 보호 구역 안에 있는가 밖에 있는가?
원주민 보호 구역이 오지에 있는가 도시 인근에 위치하는가?
원주민 보호 구역에는 교회가 있는가 없는가?
그리고 원주민 보호 구역 밖에 거주하는 원주민은 노숙인인가 건강한 삶을 살아가고 있는가?

이러한 다양한 원주민 사역지에 대한 장·단점과 특징들을 알아보는 시간을 통해 예비 선교사에게 자신의 재능과 성향을 돌아봤을 때 어떤 사역에 더욱 합당한지를 살펴보고 자신에게 맞는 원주민 선교지를 선택할 수 있도록 돕는 것이 이 장의 목적이다.

그리고 이러한 다양한 사역 환경에는 굳이 목회자가 아니라도 당연히 여러 기술과 방법으로 선교에 참여할 수 있으며 이러한 방법들을 제시함으로 더욱 많은 평신도와 사역자가 선교에 참여할 수 있도록 격려한다.

제1장
다채로운 원주민 선교

한 원주민 선교와 관련된 세미나에서 원주민 성인 대부분은 전인격적인 변화가 쉽지 않기 때문에 어린이나 청소년과 같은 다음 세대를 대상으로 하는 사역에 중점을 둬야 한다는 취지로 강의하고 있었다. 그런데 그 자리에 있던 한 참가자가 자기 경험에 의하면 성인들도 건강한 삶을 사는 사람들이 많고 복음을 전하면 잘 받아들이기에 성인 사역에 주력해야 한다고 자기의 의견을 피력한 일이 있다.

그 참가자가 알고 있고 경험한 바로는 그것이 맞을 수도 있다. 하지만 이미 앞서 언급한 대로 넓은 캐나다 땅만큼 육백여 개의 원주민 공동체들이 다양한 환경에서 다양한 모습으로 살아가고 있기에 지리적인 환경이나 문화 또는 재정 상태 등에 따라 원주민 사역의 특징도 각기 다르다. 따라서 어떠한 몇 가지의 경험을 가지고 원주민 사역 전체를 일반화하는 것은 적절하지 않다.

필자 역시 시간이 흐를수록 새롭게 배우고 접하는 내용이 매우 많다. 그럼에도 그간 필자가 경험한 바에 의하면 캐나다 원주민 선교 사역은 다음과 같은 기준에 의해 대략 여섯 개로 분류될 수 있다. 처음 네 개의 질문은 원주민이 보호 구역 안에 있는 경우이고, 나머지 두 개의 질문은 보호 구역 밖에 있는 상황에 해당하는 질문이다.

> | 원주민 선교 대상자가 원주민 보호 구역 안에 있는가?
>   원주민 보호 구역이 교통이 불편한 지역에 있는가?
>   원주민 보호 구역이 교통이 편리한 도심지 인근에 있는가?
>   원주민 보호 구역에는 교회가 있는가?
>   원주민 보호 구역에는 교회가 없는가?
>
> | 원주민 선교 대상자가 원주민 보호 구역 밖에 있는가?
>   원주민 선교 대상자가 노숙인인가?
>   원주민 선교 대상자가 직장 등을 가지고 주류 사회에 잘 정착했는가?

캐나다 원주민 선교는 무엇보다 '선교 대상자가 원주민 보호 구역에 있는가 그렇지 않은가'에 따라 그 사역의 특징과 방향이 크게 바뀐다.

우선 원주민 보호 구역이라는 개념을 살펴보면, 캐나다 정부에서 제정한 인디언 법에 따라 원주민 담당 장관(The minister of Aboriginal Affairs)의 감독 아래 원주민들의 자치권이 인정되는 지역(Territory)

이 바로 보호 구역(Reserve)이다.[1]

1985년에 마지막으로 개정된 인디언 법에 따르면 원주민 보호 구역이란 각 원주민 부족의 유익과 필요를 위해 사용될 수 있는 왕실(The Crown) 소유의 땅이다.[2] 참고로 캐나다는 영연방의 일원으로 찰스 3세 국왕이 캐나다의 국가 원수다. 한마디로 법적으로는 왕실 소유지만 원주민에게 사용되도록 허락된 땅으로 원주민들의 자치권이 이 보호 구역 안에서만큼은 법적으로 인정된다는 것이다.

따라서 왕실 소유의 땅이며 원주민의 자치권이 보장되기에 보호 구역 안에서는 캐나다 정부에 세금을 낼 의무가 없다. 그래서 보호 구역 안에 있는 슈퍼마켓(Grocery Store)에서는 담배 이 외에 어떤 물건에도 세금이 없으며 담배조차도 원주민이라는 것을 증명하면 면세 혜택이 있다. 그뿐만 아니라 보호 구역 안에 있는 주유소 역시 원주민들에게는 세금이 없다.

이처럼 보호 구역은 원주민들의 자치권과 자율권이 보장되는 곳이기에 이 곳에 소속된 원주민이라면 평생토록 살 수 있는 권한이 있으며, 때에 따라서는 보호 구역의 일부 땅을 소유할 수도 있다.[3] 그리고 원주민들의 자치 정부 기관인 밴드오피스는 정부로부

---

1   Britannica Encyclopedia, *Canadian aboriginal reserves*, https://www.britannica.com/place/Canadian-aboriginal-reserves/Land-claims
2   Kelly Greig, *Land dispute at heart of Oka Crisis still not resolved 30 years*, CTV News, July 7, 2020, laterhttps://montreal.ctvnews.ca/land-dispute-at-heart-of-oka-crisis-still-not-resolved-30-years-later-1.5013923
3   Britannica Encyclopedia, *Canadian aboriginal reserves*, https://www.britannica.com/place/Canadian-aboriginal-reserves/Land-claims

터 예산을 받거나 자체적인 소득을 통해 소속된 부족원들에게 집, 교육, 의료 그리고 때로는 음식과 생활비를 지원하기도 한다.

이와 같이 법적인 측면과 정책적인 측면만 보면 보호 구역 안에서만큼은 원주민들이 많은 혜택을 누리며 살 수 있기에 굳이 보호 구역 밖으로 나가고 싶어 하지 않는 것이 정상일 것이다.

물론 원주민은 원주민 보호 구역에서만 살아야 한다는 규정이 있는것도 아니다. 하지만, 제1부에서 이미 언급했던 대로 각 원주민 부족 지도자의 역량이나 또는 재정 상황에 의해 이러한 복지와 혜택은 크게 차이가 날 수 있으며, 적지 않은 원주민 부족은 마약이나 알코올 중독, 자살, 높은 성병 감염 등 여러 가지 문제에 직면해 있어 건강한 환경이라고 말할 수도 없다.

또한, 교통이 불편한 오지에 있는 원주민 마을에서는 직장 구하기도 힘들 뿐 아니라 교사의 부족으로 질 높은 교육을 받기도 매우 힘들어서 많은 원주민이 자신의 보호 구역에 살기를 거부해, 어떤 통계에 따르면 무려 74퍼센트의 원주민들이 보호 구역 밖에서 거주하고 있다고 한다.[4]

이처럼 여러 가지 이유에 의해 원주민들은 크게 원주민 보호 구역에 사는 원주민과 그렇지 않은 원주민으로 나누이며, 만약 보호 구역 밖에 거주하는 원주민들을 대상으로 사역한다면, 이는

---

[4] Mark Milke, *Increasing number of Aboriginals choose not to live on reserves*, Fraser Institute, https://www.fraserinstitute.org/article/increasing-number-aboriginals-choose-not-live-reserves

어떤 특정한 부족을 대상으로 선교 활동을 하는 것이 아니라 대개 이러한 도심지 정착에 성공한 원주민 또는 그렇지 못한 원주민 이렇게 두 가지 부류의 원주민을 대상으로 사역을 할 수 있다.

따라서 선교 대상자가 보호 구역 안에 있다면, 사역지가 원주민 보호 구역으로 정해지며 특정 원주민 부족을 섬기는 사역을 하게 된다. 그리고 선교 대상자가 보호 구역 밖에 있다면, 선교지는 비 원주민 인구가 주류를 이루는 도심지가 된다.

하지만 자신의 보호 구역을 떠나 살아가는 원주민들의 대다수는 안타깝게도 주류 사회 정착에 실패한다. 보호 구역에 있는 원주민을 섬기는 사역도 지역마다 그리고 보호 구역에 교회가 있는가 없는가에 따라 그 사역의 특징이 조금씩 차이가 있는데 이처럼 각기 다른 환경에 있는 사역지들의 특징과 장·단점들은 다음과 같다.

1. 원주민 선교 대상자가 원주민 보호 구역 안에 있는가?

원주민 보호 구역 안에 살아가는 원주민들을 대상으로 하는 사역으로서 이러한 사역은 크게 교통이 편리한 도심지에서 가까운가 아니면 교통이 불편한 오지인가와 같은 지역적인 이유로 사역 내용이 크게 달라지며 현지에 교회가 있는가 없는가에 따라 교회와 목회자에게 적대적인가 그렇지 않은가 하는 차이를 갖게 된다.

무엇보다 오지에 있는 원주민 마을은 앞서 이야기한 것과 같이 보호 구역 안에 산재한 여러 가지 문제와 더불어 도심지에 비교해 만족스럽지 못한 교육 환경과 직업도 구하기가 힘들기에 많은 원주민이 보호 구역을 떠나 산다.

그러나 보호 구역에 남아 있는 원주민들은 크게 밴드오피스나 밴드오피스에서 운영하는 보건 센터 같은 곳에서 직장을 구할 수 있는 위치에 있거나 아니면 아예 그곳을 떠날 의지조차 없는 경우일 것이다.

그리고 도심지 인근에 있는 원주민 보호 구역 같은 경우에는 변호사처럼 전문 직업이나 박사 학위 같은 높은 교육을 받았다 하더라도 직장으로의 출·퇴근이나 편의 시설 등이 멀지 않기에 계속 보호 구역에 사는 경우도 종종 목격한다.

하지만 도심지 인근에 있는 원주민 보호 구역이라 할지라도 모든 부족원에 제공될 수 있는 만큼의 충분한 주택이 공급되지 않는 경우가 많다 보니 보호 구역을 떠나 인근 도시의 이곳저곳을 이사 다니는 원주민들도 적지 않다.

1) 원주민 보호 구역이 교통이 불편한 지역에 있는가?

원주민 보호 구역이 교통이 불편한 지역에 있는 경우 선교에 있어 세 가지의 장점이 있다.

첫째, 밴드오피스와 협력이 좀 더 쉽게 이루어질 수 있다.
원주민 부족 자체가 교통이 불편한 지역에 있다 보니 지리적인 이유 등으로 인해 외부로부터 도움받는 것이나 필요한 인적자원을 구하기가 쉽지 않다. 그러다 보니 오히려 밴드오피스에 직접 찾아가 청소년을 위한 직업 훈련, 청소년을 위한 특별한 IT 기술 교육, 마을 주민들을 대상으로 한 상담이나 마을 아이들과 청소년들을 위한 캠프 등 무엇이든 마을에 도움이 될만한 것을 제안하면 밴드오피스에서 이러한 제안을 공식적으로 받아들일 가능성이 매우 크다.

그러나 필자가 섬기는 원주민 부족은 도심지 인근에 있다 보니 자체적으로 어린이와 청소년을 위한 프로그램은 물론 치과나 마사지 심지어는 한의사를 채용해 부족민들에게 의료 서비스를 제공하고 있다. 그래서 여름 성경 학교 시즌이 되어 밴드오피스에 찾아가서 협력을 요청하면 '밴드오피스에 고용된 청소년 담당자와 상의해라' 그리고 한의사 의료 서비스나 미용 봉사하겠다는 제안을 하면 '이미 있다, 불필요하다'라는 대답을 들었다.

이뿐 아니라 필자가 현재 섬기고 있는 원주민 교회에 담임목사로 부임했을 때, 자살 시도자나 가족을 잃은 유가족 또는 마약 등의 중독 문제로 고통받는 원주민들을 상담하고 위로하며 여러 결혼식과 장례식도 집례 해야 하는 등 한마디로 지역 원주민들의 대·소사와 영적 건강을 돌보는 책임자로서 부족 추장과의 정식적인 만남을 요청했다. 하지만 지난 7년간 허락되지 않았으며, 그나마 대심방을 하면서 또는 마을의 행사들을 통해 잠깐 대면할 수 있었다.

하지만 상대적으로 오지에 있는 다른 원주민 마을들을 방문했을 때는 전혀 다른 결과들을 접할 수 있었다. 무엇보다 밴쿠버에서 수년 동안 매달 한 번씩 원주민 사역을 돕기 위해 방문해 주시는 한의사 한 분과 미용사 한 분이 있었다.

이러한 봉사자분들의 헌신을 통해 다른 지역 원주민 부족의 밴드오피스에 찾아가 원주민 교회의 목사라는 점을 밝히며 인근 원주민 부족을 돕는 프로그램 차원에서 한의 의료 서비스나 미용 서비스 또는 청소년 캠프 등을 무료로 또는 저렴한 비용으로 제공하겠다는 제안을 할 수 있었다.

이때 밴드오피스 직원들은 흔쾌히 허락했을 뿐만 아니라 심지어는 추장까지 나와 반겨 주는 예도 있었다. 그리고 이렇게 밴드오피스로부터 허락을 받아 사역들을 진행하니 알아서 마을 사람들에게 광고를 하고 참여를 격려하는 등 여러 지원을 받을 수 있었다. 하지만 여기서 중요한 것은 종교 색채를 제거한 순수 봉사 활동이나 마을에서 필요한 프로그램이어야 한다는 것이다.

필자가 경험한 사례 중에는 반년 간의 한의 의료 사역을 통해 관계를 쌓은 원주민 마을이 있었는데 그간 나름대로 충분한 관계를 맺었다고 생각해 여름 성경 학교를 제안했다. 하지만 그 결과는 여름 성경 학교 제안을 거절한 것 뿐만이 아니라 한의 의료 사역도 거절함으로 그 원주민 마을과의 관계는 그걸로 접을 수밖에 없었다. 이 마을에서 갑자기 필자에게 적대적으로 돌아선 이유는 바로 여름 성경 학교와 같은 종교색을 너무 빨리 드러냈기 때문이다.

다른 원주민 마을에서의 사례는 이와는 반대로 2년 넘게 한방 의료 사역과 미용 봉사로 관계를 맺어 나가다가 원주민 마을에서 주최하는 보건박람회(Health Fair)에 초대받아서 간 적이 있다. 그런데 이 마을에서는 그동안 어떠한 종교적인 색채를 드러내지 않았음에도 처음부터 목사라는 것을 알았기에 이 행사의 시작 기도를 갑자기 필자에게 부탁한 일이 있었다.

이처럼 마을에 꼭 도움이 될 만한 프로그램 등을 제안한다면 그 주최가 교회라 할지라도 오지에 있는 원주민 마을이라면 그 제안을 받아들일 가능성이 매우 크며, 이러한 프로그램 등을 통해 천천히 관계를 발전시켜 나가다 보면 복음을 전할 기회가 오게 될 것이다.

그리고 이렇게 밴드오피스의 협력을 받게 되면 그 원주민 마을에서 이루어지는 모든 사역은 마을의 공적인 행사가 되어 부족 내 광고나 부족원주민들 동원과 같은 여러 부분에서 밴드오피스로부

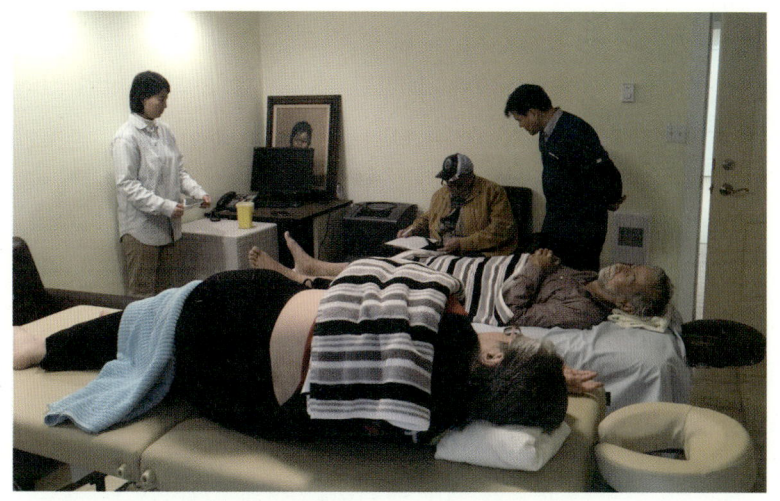

2019년 한 원주민 마을 의료센터에서 침술 의료 서비스를 제공하는 모습.

터 전폭적인 지원을 받으며 사역을 할 수 있는 큰 장점이 있다.

둘째, 지리적인 이유로 마을의 인구이동이 크지 않아 선교 대상과 지속적인 교제가 가능하다.

이 역시 큰 장점 중에 하나로 특별한 일이 없는 이상 그 마을 주민들과는 언제든 교제할 수 있으며 선교 대상을 안정적으로 양육할 수 있다. 선교란 기본적으로 단지 전도지를 전하는 것이 아니라 현지인을 사랑하는 것이고 그러려면 친밀한 관계를 나누어야 하는데 단회적인 단기 선교로는 불가능하기 때문에 지속적인 관계 맺음이 선교의 성패를 가름하는 중요한 요소가 된다.

특히, 원주민은 복음을 모르는 자가 아니라 수백 년 동안 "어그러진 복음"의 피해자라 할 수 있으므로 그들의 마음과 귀는 돌처럼 굳어 있다. 그러기에 그들에게 복음을 전하려면 우선 그들의 굳은 마음 밭을 사랑과 섬김으로 오랜 시간 동안 경작을 해야 한다. 이러한 관점에서 교통이 불편한 오지에 있는 보호 구역 안에 있는 원주민들은 인구 이동이 극히 제약이 되어 있기에 지속적인 사역을 하는데 유리한 조건을 가지게 된다.

셋째, 마을 사람들의 관심을 더욱 쉽게 끌 수 있다.

대부분은 마을에 별다른 오락거리가 없을 뿐만 아니라 이러한 문화생활을 즐기러 나가기조차 쉽지 않은 상황이기에, 간단한 프로그램이라고 할지라도 많은 사람의 참여를 기대할 수 있는 장점이 있다.

실제로 필자가 교통이 매우 불편한 오지에 있는 한 원주민 마을에 단기 선교차 방문해 태권도를 가르친 적이 있었다. 태권도를 배울 학생들 이외에도 소문을 들은 마을의 남녀노소가 모두 모여와 자리를 가득 메워 태권도 교실을 관람한 일도 있었으며, 이전에 동원 사역을 할때는 태권도와 부채춤과 같은 문화 공연과 더불어 한국 음식 등을 준비해 마을 잔치를 열었는데, 그때마다 마을 사람 대부분이 참여하고 자기 음식도 가지고 오는 등 그 호응도가 대단했다.

물론, 그들이 복음에 관심이 있어가 아니라 태권도란 무술 그리고 문화 공연과 한국 음식에 관한 관심일 수 있지만, 이러한 접근 방법은 원주민들을 모으고 그들의 마음을 여는 데 매우 효과적이다. 그리고 이처럼 모을 수 있고 마음 문을 열 수만 있다면 선교의 반은 달성했다고 보아도 좋을 것이다.

원주민 보호 구역이 교통이 불편한 지역에 있는 경우 가장 큰 단점이라 할 수 있는 것은 현지 선교사의 정신 건강에 좋지 않은 영향을 끼치는 것이다. 교통이 불편한 지역은 말 그대로 그곳에 있는 선교사도 외부로 나가기가 쉽지 않음을 의미한다. 즉, 선교사와 그의 가족이 문화의 혜택과 성도의 교제로부터 고립된다는 것이다.

비록 선교사가 하나님께 소명을 받아 뜨거운 열정으로 선교지에 왔어도 오랜 기간 교회와 다른 성도들과의 교제로부터 소외되었을 때 그리고 문화의 혜택으로부터 고립되었을 때, 선교사와 가족들이 겪게 되는 정신적, 육체적, 영적 침체는 실제적이고 그 영향이 클 수 있다.

이렇게 열악한 환경 뿐만 아니라 영적으로도 중독과 자살 등의 영이 가득한 곳에 장기간 홀로 있을 때는 선교사와 가족들의 정신 건강에 좋지 않은 영향을 미칠 수도 있다는 점이 가장 큰 단점이다. 이러한 이유로, 실제로 오지에 있는 원주민 마을에서 선교하던 사역자나 사역자의 가족이 우울증이나 다른 정신적인 문제로 인해 사역을 내려놓아야 하는 경우가 심심치 않게 일어나고 있다.

한 예로 필자가 예전에 부임하려고 했던 브리티시컬럼비아주의 매우 깊은 오지 마을에 있는 원주민 교회가 있었는데, 한 연세 많으신 백인 목사님이 그 원주민 교회를 섬기기를 원해서 필자가 그 원주민 교회로 부임하는 것을 포기한 일이 있다. 하지만 일년도 채 안 돼서 필자가 들은 바로는 그 목사님이 갑자기 우울증이 심각해져 목회를 그만두시고 밴쿠버로 요양을 나오셨다는 것이다.

이처럼 오지에 있는 원주민 부족을 섬기는 것은 참 뜻깊은 일이며 많은 장점이 있지만 그만큼 외부로부터의 고립으로 인한 정신 건강에 부담이 되기 때문에, 많은 기도 후원과 더불어 선교사 가족이 자주 외부로 나오는 방법을 마련하거나 아니면 외부에서 자주 방문해 힘과 격려를 해 줄 필요가 있다.

2) 원주민 보호 구역이 교통이 편리한 도심지 인근에 있는가?

그간 필자가 경험한 바에 따르면, 원주민 보호 구역이 교통이 편리한 도심지 인근 지역에 있는 경우 장점보다는 단점이 더 많다. 그런데도 한 가지의 장점을 꼽자면 교통이 불편한 지역에 있는 것에 비해, 비교적 각종 편의 시설과 문화 시설 등을 쉽게 이용할 수 있으므로 현지 선교사의 정신 건강에 조금 더 좋은 환경을 제공한다는 것이다.

2020년 전세계적인 팬데믹이 터지면서 필자가 섬기는 원주민 교회에도 삼 년 동안 단기 선교팀의 방문이 끊기게 되고, 선교 보고 요청도 없었으며 선교 후원도 많이 줄게 되었다. 원주민 교회의 사역 역시 여러 가지 정부의 제한 때문에 할 수 있는 것이 많이 없어진 상황이었다.

물론 하나님만 바라보며 위안을 받았지만, 아무도 찾아 주지 않고 연락도 오지 않게 되자 외부와 단절되었다는 사실은 필자에게 말로 표현할 수 없는 어떤 고독감을 느끼게 했다. 그러나 다행히 주변에 도움을 받을 수 있는 의료 서비스 등에 접근이 쉽다 보니 위기를 잘 넘길 수 있었으며 필요할 때 시기적절하게 도움을 받을 수 있었다. 만약 필자가 이러한 의료 시설이 없는 오지에 있었다면, 정신적인 고통은 정말 말할 수 없을 정도로 심각했을 것이다.

원주민 보호 구역이 교통이 편리한 도심지 인근 지역에 있는 경우 선교에 있어 많은 단점이 있는데, 가장 큰 단점은 밴드오피스와의 협력이 쉽지 않다는 것이다. 교통이 편리한 도심지 인근에 있는 대다수의 원주민 부족들은 캐나다 연방 정부나 주 정부의 재정 지원 이외에도 땅을 임대한다던가 또는 다른 비즈니스 등을 통해 재정적으로 여유가 있는 편이다.

그리고 주변 도시에서 필요한 인적 자원들을 구하기도 쉽다 보니 부족 자체적으로 간호사나 사회 복지사(Social Worker), 청소년 담당자(Youth Worker) 그리고 상담사 등 필요한 인력을 직접 고용해 부족 주민들을 위한 여러 가지 프로그램들을 자체적으로 가지고 있다. 그러다 보니 이러한 원주민 부족들은 굳이 외부 도움을 받을 필요를 느끼지 못하기에 밴드오피스의 협력이나 지원을 받기가 쉽지 않다.

예를 들어, 필자가 섬기는 원주민 교회에서 여름 성경 학교를 한다고 밴드오피스에다 알리면 밴드오피스 내에 어린이 프로그램이 이미 준비되어 있으므로 필요가 없다는 반응이다. 하지만 마을 자체적인 프로그램에 필자가 섬기는 교회에서 주최하는 여름 성경 학교만큼 많은 아이가 참가하는 것은 아니다. 왜냐하면,

밴드에서 하는 거의 모든 프로그램은 참석자에 한해서만 진행되는 매우 수동적인 형태이기 때문이다.

이와는 반대로 필자의 교회에서 주최하는 여름 성경 학교는 일 년에 단 한 번 단기 선교팀의 도움으로 충분한 인력과 자원을 동원해 필자가 섬기는 원주민 마을의 모든 아이를 모아 이들에게 복음을 증거 할 중요한 기회이다. 그래서 이를 위해 원주민 마을의 이백여 가구되는 모든 집을 심방하여 부모나 보호자에게 허락을 구하고 차량을 이용해 아이들을 교회로 실어 오는 등 매우 적극적으로 사역에 임한다.

이처럼 필자가 섬기는 교회의 여름 성경 학교는 원주민 마을에 있는 많은 아이에게 혜택을 주는 프로그램임에도 자체에 프로그램이 있다는 이유로 외면한다. 이런 상황에서는 밴드오피스로부터 공식적인 허락과 협력을 요청하는 것보다는 어린이 프로그램 담당자를 만나 개인적인 수준에서의 협력을 요청해야 한다.

그리고 앞서 이야기한 대로, 한방 의료 서비스도 이미 밴드에서 정식으로 한의사를 고용한 상황이며, 마을 청소와 같은 봉사 활동을 제안해도 이미 마을 자체적으로 마을 청소하는 인력을 고용해 나름대로 진행 중이라고 하고, 아이들 교육 프로그램을 제안해도 교육 담당자와 이야기해 보라는 답변이 고작이다.

이런 상황이기에 필자가 사역하는 원주민 마을에서는 이미 교회가 육십여 년 동안 현지에 뿌리 박힌 교회이다 보니 밴드오피스의 정식적인 협력을 구하기보다는 통보하는 형태로 그리고 자체적으로 교회의 원주민 성도들을 통해 광고하며 진행한다. 이처럼 도심지 인근에 있는 원주민 부족 그리고 재정적으로 풍족한 부족은 상대적으로 밴드오피스의 허락을 받거나 함께 협력해 사역을 진행하기가 쉽지 않다.

원주민 보호 구역이 교통이 편리한 도심지 인근에 위치해 있는 경우 두 번째 단점은 마을 사람들의 이동이 잦다는 것이다. 이미 앞서 언급한 대로, 높은 자살률과 마약과 알코올 중독 등으로 원주민 보호 구역 안의 환경은 대체로 좋지 못하다. 거기에다가 필자가 사역하는 원주민 마을의 인구는 이천여 명 가까이 되지만 마을 안에 있는 주거지는 이백여 가구 정도밖에 되지 않는다. 어떤 집에는 삼대 또는 사대까지 십여 명의 가족이 함께 사는 일도 있고, 집이 없는 원주민들은 이 집 저 집을 전전하며 살아간다.

이런 환경에서 가까운 인근에 도시가 있고 교통이 편리하다 보니 원주민들이 더욱 쉽게 원주민 보호 구역을 벗어나 도심지에 나가서 살던가, 아니면 다른 대도시나 먼 친척이 있는 다른 원주민 부족으로 이주하는 예도 종종 있다. 그리고 도심지에 나가서 살아도 렌트비를 잘 내지 않는 등의 이유로 자주 집을 옮긴다. 이렇게 원주민들의 이주가 너무 잦다 보니 교회에 출석하지 않는 성도들의 집을 방문해 보면 이미 다른 곳으로 이사한 경우가 종종 있다.

주일 학교도 마찬가지로 아이들이 부모와 함께 떠나거나 부모가 없는 경우에는 할머니나 사촌 집 등 여기저기 옮겨 다니다 보니 얼마간 잘 나오던 아이들이 나오지 않아 집을 찾아가 보면 이 이미 다른 곳으로 이동한 뒤이다.

　게다가 청소년으로 성장하면 스스로 어디론가 떠나 버리는 경우가 많아 마을에 청소년들이 없다 보니 청소년 사역은 정말 꿈만 같은 이야기로 교통이 편리한 도시 인근에 원주민 보호 구역이 있으면, 선교 대상자들의 잦은 이동 때문에 이들과 지속해서 교제하며 양육하기가 어려운 단점이 있다.

　원주민 보호 구역이 교통이 편리한 도심지 인근 지역에 있는 경우 또 다른 단점은 마을 사람들의 관심을 끌기가 쉽지 않다는 것이다. 오락 시설이나 쇼핑 또는 레스토랑 등 각종 편의 시설과 노숙인을 위한 무료 급식소 등과 같은 봉사 시설이 인접해 있다 보니 교회에서 여러 가지 프로그램을 준비하고 크리스마스 때 같은 경우에는 터키 식사와 같은 만찬을 준비한다고 하더라도 원주민들의 관심을 끌기가 쉽지 않다.

　필자가 사역하는 원주민 부족의 인구는 무려 이천여 명 가까이 되지만 크리스마스 때와 같이 정말 특별한 날에도 최대로 많이 모이는 경우 백여 명 정도만 모일 뿐이다. 이밖에 태권도나 부채춤 같은 한국 문화 행사와 한국 음식을 맛볼 수 있는 마을 잔치를 계획하고 대심방을 통해 광고하며 행사 참여를 격려해도 많아 봐야 오십여 명의 원주민이 모일까 말까다.

　앞서 언급한 대로 만약 이런 행사가 교통이 불편한 오지에 있는 원주민 마을에서 진행됐다면 아마도 마을의 대다수 원주민이 참여했을 것이다. 이처럼 원주민 마을이 도시 인근이나 교통이 편리한 지역에 있으면, 교회로 원주민들의 관심을 끌기가 매우 어려워 복음 전파는 물론 "어그러진 복음"의 회복도 쉽지 않다.

원주민 보호 구역이 교통이 편리한 도심지 인근 지역에 있는 경우 마지막 단점은 원주민 사역에 집중하는 데 어려움이 있다는 것이다. 노숙인 인구의 적지 않은 수가 원주민이라 할지라도 노숙인들이 교회를 나오기 시작하면 아이러니하게도 원주민 보호 구역에 사는 원주민들은 교회에 나오기를 꺼린다.

필자가 지금 섬기고 있는 원주민 교회에 부임한 지 얼마 되지 않았을 때는 교회 위치가 원주민 마을 입구에 있을뿐만 아니라 교회 주변에는 공터가 많아서 많은 노숙인이 교회 인근에 정착해 살고 있었다. 그리고 이러한 공터에서 마약 과다 복용으로 노숙인들이 목숨을 잃는 일도 종종 있었다.

이들 중 원주민 노숙인들은 필자의 교회가 원주민을 위한 교회라 더 친밀해서 그런지 마약에 취하면 교회 마당에 누워있거나 밤이고 낮이고 종종 사택에 무단 침입을 해 어떤 경우에는 본인 집이라고 우기기도 하며, 새벽에 교회 뒷마당에서 비명이 나서 필자가 나가보니 원주민 노숙인들끼리 성폭행 사건이 발생해 경찰을 불러 현장에서 용의자가 체포되는 일도 있었다.

이러한 환경이다 보니 교회 마당에는 마약 복용 때 사용하던 바늘들이 떨어져 있어 교회 아이들이 밖에서 놀기에도 매우 위험한 상황이었다. 하지만 더 큰 문제는 필자의 교회에서 주일 예배 후에 식사 교제를 시작하니 주변에 있던 노숙인들이 교회 안으로 들어오기 시작한 것이다. 이후 교회에 노숙인들이 점점 많아지자 원주민 성도들이 이를 꺼리며 안 나오기 시작했고, 아이들 안전에도 불안감을 느껴 아이들을 주일 학교에 보내지 않았다.

하지만 오히려 노숙인 사역을 하는 봉사자가 필자의 교회에 찾아와서 노숙인 중에는 원주민들이 많으니 평일에도 교회를 열어 노숙인들의 쉼터로 썼으면 좋겠다는 요청을 했다. 그리고 주일날만 되면 많은 노숙인을 필자의 교회로 데려와 식사를 하게 했는데 개중에는 물론 원주민들로 있긴 했다.

이러한 노숙인 사건 이외에도 인근 도시에 사는 백인 성도분들이 원주민을 섬기고자 하는 마음으로 원주민 교회를 나오기 시작했다. 그런데, 이러한 백인 성도의 숫자가 어느 정도 늘어나자 원주민 성도들이 민감하게 반응하며 왜 원주민 교회에 백인들이 나오냐고 불만을 표현하기 시작했다.

원주민들에게는 백인뿐만 아니라 한인이나 다른 인종도 마찬가지여서 필자가 섬기는 원주민 교회에 한인 교회에서 선교 답사차 방문한 대여섯 명의 한인분들이 예배 시간에 참여하자 이때도 원주민 성도들의 거센 반발에 시달린 경험이 있다.

이처럼 원주민 마을이 비 원주민 인구가 대부분을 차지하는 도시 인근에 있다 보면 선교 대상인 원주민 부족 마을 사람들 이외에도 여러 인종의 사람이 더욱 쉽게 원주민 교회를 나오게 된다. 그러다 보면 오히려 원주민들이 나오기를 꺼리거나 원주민 교회의 정체성을 해친다고 불만을 제기하는 일이 발생한다.

물론 교회라는 곳은 모든 사람이 함께 모여 예배드리는 것이 성경적이지만, 필자가 섬기는 교회는 원주민 교회다. 인근 도시에 백인들이 주류인 현지 교회도 있고 중국인 교회도 있고 한국인 교회도 있고 심지어는 노숙인들을 섬기는 구세군 교회도 있다.

　하지만 이러한 교회들은 원주민을 주대상으로 사역하지 않는다. 정말 소수의 원주민을 제외하곤 이러한 도시에 있는 교회에 출석하지 않는다.

　필자가 사역하는 원주민 교회만이 이 원주민 부족과 원주민 선교를 주된 사역으로 섬기고 있으며 이렇게라도 원주민 교회를 유지하고 있기에 그나마 정기적으로 대심방을 통해 복음 전파가 이루어지고 몇몇 원주민이라도 교회에 나올 수 있는 상황이 된다.

　이처럼 원주민 만을 위한 교회가 필요하며 원주민 사역에 집중하기 위해 안타깝지만, 노숙인들은 주일 예배를 처음부터 드리는 사람에게만 식사 교제에 참여할 수 있도록 하였고, 백인 성도들은 장기적으로 봉사하는 분 외에는 될 수 있는 한 교회의 출입을 제한하고 있다. 따라서 인근에 도시가 있다면 원주민 이외의 사람들로 인해 원주민 사역에 집중하기 어려울 수 있으니 이 점을 유의해야 할 것이다

　필자가 현재 섬기고 있는 원주민 교회에서의 사역 초창기에 십대 여자아이 한 명이 주일 예배 중간에 들어와 의자에 앉아 계속해서 운 적이 있다. 예배가 끝나고 필자에게 다가와 오늘 자살하려고 했는데, 교회로부터 들리는 찬양 소리에 이끌려 예배에 나

2018년 필자가 사역하는 원주민 교회 인근에 있었던 노숙인 집단 거주지(Tent City).
출처: https://www.saanichnews.com/news/supreme-court-grants-injunction-against-nanaimos-tent-city/

왔다가, 다시 살아갈 소망을 갖게 되었다고, 고맙다고 고백하는 일이 있었다.

만약 이 교회가 원주민 교회가 아니었다면, 또는 이 교회가 문을 닫게 되었고, 예배가 지속하지 못했다면, 이 소녀는 이날 자기 목숨을 끊었을 것이다. 원주민 보호 구역이 도시 인근에 있다면 사역에 여러 가지 어려움이 있다. 사역의 효율성을 보자면 오히려 오지에 있는 원주민 보호 구역이 더 낳을 수도 있다.

하지만 이 보호 구역에도 그곳에 살아가는 원주민들이 있으며 이들 중 대부분은 이 원주민 교회가 아니라면 절대 교회에 나갈 일이 없는 사람들이다. 사역 초창기에 교회를 방문한 소녀도 마찬가지일 것이다. 그렇기에 단점과 상관없이 모든 원주민 마을에는 예수 그리스도의 교회가 필요하다.

3) 원주민 보호 구역에 교회가 있는가?

원주민 보호 구역에 교회가 있는 경우 선교 사역이나 전도 사역이 상대적으로 자유롭다는 장점이 있다. 원주민 보호 구역 안에 또는 인근에 원주민 교회가 있는 경우에는 교회를 자기 공동체 일부로 받아들이거나 한때 원주민 교회를 출석했던 원주민 몇몇은 있기 마련이라 교회가 없는 마을에 비해 상대적으로 선교 사역이 좀 더 자유롭다는 장점이 있다.

필자가 섬기는 원주민 교회는 1960년에 그 지역 원주민들에 의해 세워진 전통이 있는 교회다. 오늘날의 중년층에 해당하는 원주민들에게 있어 필자가 섬기는 원주민 교회는 그들의 부모나 조부모가 세웠을 뿐만 아니라 본인 세대 중 많은 사람이 어렸을 때 최소 한두 번은 주일 학교를 나갔던 경험이 있다.

그러다 보니 필자가 이 원주민 교회에 부임할 때 마을 신문에 필자 부부의 부임 소식을 알리며 관심을 보였을 뿐만 아니라, 필자가 사역하는 원주민 교회에서 진행되는 모든 프로그램은 굳이 밴드오피스의 허락이나 협력이 없어도 얼마든지 자유롭게 사역을 할 수 있다.

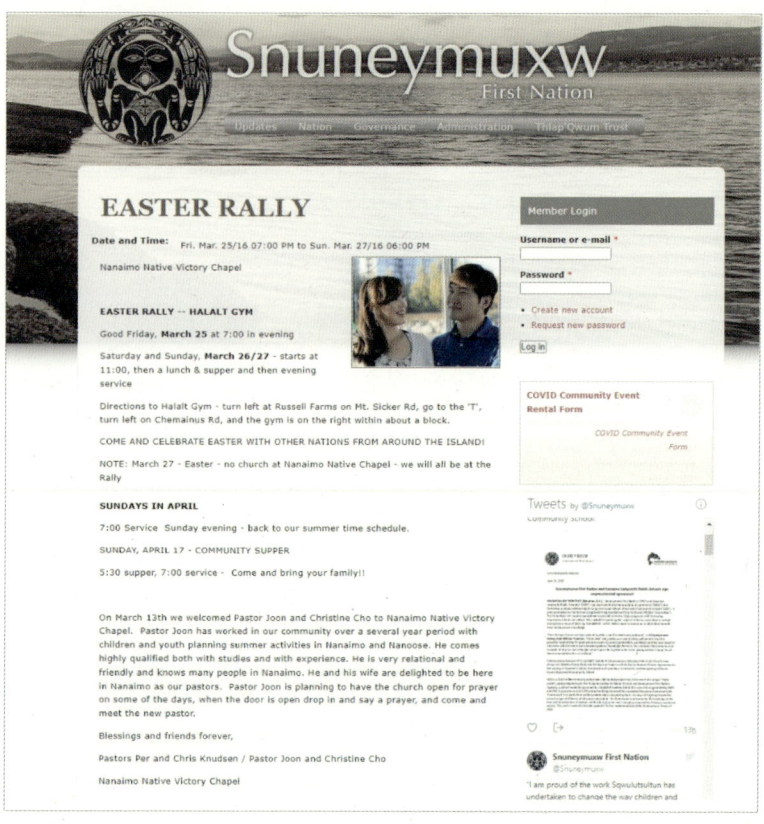

2016년 3월 현재 필자가 섬기고 있는 원주민 부족의 홈페이지에 필자와 필자의 아내가 원주민 교회에 부임한다는 소식을 알리는 내용.

　　또한, 여름 성경 학교 등을 위해 체육관 시설이 필요하면 바로 체육관을 빌려 쓰면 된다. 심방과 같은 목회에 관해서도, 팬데믹 동안에 필자가 섬기는 원주민 마을에서 대규모로 코로나 확진자가 발생해 보호 구역을 완전히 봉쇄한 적도 있는데, 이때도 필자는 별다른 어려움 없이 원주민 보호 구역을 출입할 수 있었다.

이러한 사역의 자유로움은 현재 섬기는 원주민 부족 이외에 다른 원주민 마을에서도 경험할 수 있었는데, 지금 섬기는 원주민 교회에 부임하기 이전에 오지에 있는 원주민 교회들을 순회하는 목회지를 추천받아 브리티시컬럼비아주 북쪽 오지에 있는 원주민 교회들을 방문한 적이 있었다.

그 당시에 이미 상당 기간 목회자의 부재로 인해 교회가 운영되지 않은 상황이었음에도 필자가 그 원주민 부족들을 방문했을 때 일부 적대적인 반응도 있었지만, 대다수의 원주민이 필자의 방문에 관심을 두고 자기 마을로 부임해 주기를 바라는 등 교회와 목회자를 환영하는 모습을 볼수 있었다.

반면에 원주민을 위한 원주민 교회가 현재는 물론 과거에도 전혀 없는 원주민 마을에서는 이미 앞서 이야기한 대로 작은 종교 색채를 드러내는 것만으로도 사역이 중단될 수도 있기에 교회가 있었거나 아니면 현재 교회가 있는 원주민 마을에서의 사역은 상대적으로 자유로운 것이 큰 장점이다.

원주민 보호 구역에 교회가 있는 경우 선교에 있어 한 사역에 집중하기 어렵다는 단점이 있다. 어찌 되었든 교회가 있다 보니 기본적으로 건물 관리와 행정, 예배, 심방 그리고 장례식이나 결혼식과 같은 마을의 대소사에 참여해야 하는 등 여러 사역이 있기에 어린이 사역이나 청소년 사역 등 특정 사역에 집중하기가 쉽지 않다.

필자가 현재 섬기고 있는 원주민 교회에 부임하기 전에 이미 수년간 이 교회로 단기 선교를 왔었기 때문에 많은 아이와 청소년을 알고 있었다. 필자가 부임하면서 기대했던 것은 이 아이들과 청소년들을 내 자녀처럼 사랑으로 양육하고 돌보는 그런 사역이었다. 하지만 원주민 교회에 부임하고 난 뒤 얼마 지나지 않아 나의 이런 기대는 산산이 무너지고 말았다.

1960년에 설립된 전통 있는 교회였지만 수년간 목회자의 부재로 인해 교회 건물이 잘 관리되지 않아 심지어는 사택에까지 쥐들이 뛰어다니고, 건물 곳곳이 수리가 필요한 상황이었다.

그뿐만 아니라 교회 행정 역시 오랜 기간 방치되어 수년간의 회계 보고가 누락 되거나 제대로 처리되지 않아 국세청(Canada Revenue Agency)에서 감사를 받아야 했다. 그리고 그런 와중에도 갑작스러운 장례식이나 결혼식 집례 그리고 심방 요청 등으로 바쁜 하루하루를 보내게 되었다.

그러다 보면 빠르게 한 주가 지나가 주말이 되었고, 그러면 또 주일 예배 준비와 주일 사역 등으로 정신없이 시간을 보내게 되었는데, 이러한 일상이 반복되니 처음에 기대했던 아이들이나 청소년들을 돌보는 사역에는 전혀 신경을 쓸 수 없게 되었다.

하지만 오래 지나지 않아 하나님의 은혜 가운데 한 성도님의 헌신으로 주일 학교가 시작되었으며, 2018년 말에는 교육부를 담당하는 목사님과 전도사님이 필자가 섬기는 교회에 합류하면서 원주민 아이들과 청소년들을 대상으로 하는 교회 학교가 더욱 힘을 받게 되었다.

이처럼 원주민 마을에 교회가 있다면 좀더 선교 활동이 자유롭다는 장점이 있지만 동시에 행정과 예배, 건물 관리 그리고 심방과 같은 기본적인 교회 업무들이 있기에 교회 학교 등과 같은 다른 사역들을 확장하거나 집중할 수 있는 여력을 갖기가 어렵다.

4) 원주민 보호 구역에 교회가 없는가?

원주민 보호 구역에 교회가 없는 경우 기본적인 교회 사역의 의무가 없기에 어린이나 청소년을 대상으로 하는 것과 같은 특정한 사역에 집중할 수 있는 것이 장점이다. 바로 앞에서 언급한 것과 같이 교회가 있으면 기본적으로 교회 건물을 관리해야 하며, 행정 업무가 있고, 주일 예배와 같은 예배 의식이 정기적으로 진행되어야 하며 교회 성도들에 대한 심방과 목양이 이루어져야 한다.

또한, 교회 건물을 유지하기 위한 재정에 대한 책임도 있다. 하지만 원주민 마을에 교회가 없다면, 이러한 의무들로부터 자유로워 어린이나 청소년을 대상으로 하는 교육이나 캠프 사역 또는 성인들을 대상으로 하는 성경 공부 등 오로지 선교사가 원하는 사역에 집중할 수 있다.

한 예로 필자가 방문했던 원주민 마을 중에는 무려 사회 복지학으로 박사 학위가 있고 신학대학원에서 신학 석사(M.A.)를 취득한 백인 성도님이 있었다. 오지의 원주민 마을이다 보니 이 정도의 학력이면 얼마든지 현지에 있는 원주민 교회에서 목회자의 직분을 수행할 수 있었음에도 이 성도님은 교육으로 원주민들을 변화시키겠다는 소명이 있었기에 교회 사역에는 일절 신경을 쓰지 않고 인근 대학으로부터 사회 복지 교육 과정을 도입해 오로지 젊은 원주민들을 대상으로 교육 사역에만 집중하는 사례도 있었다.

물론 이분은 본래 목회자가 아니었기에 교회 사역을 택하는 것이 의무가 아니었을 수도 있지만, 만약 목회자라면 목회자가 부재인 이유로 교회 운영이 중단되어 언제 폐쇄될지 모르는 상황에 처한 교회를 저버리고 특수 사역에만 집중하기는 어려울 것이다. 그렇기에 현지에 교회가 없다면 현지 선교사에게는 사역의 선택과 집중을 할 수 있는 장점이 있다.

원주민 보호 구역에 교회가 없는 경우의 단점은 선교나 전도 사역 등을 조심스럽게 접근할 필요가 있다는 것이다. 현지 원주민 마을이나 인근에 교회가 없다면 대개 교회가 있는 마을에 비해 교회와 기독교에 대해 반감이 클 가능성이 매우 크다.

그러므로 선교나 전도 사역에 있어 지혜롭게 천천히 접근해야 할 필요가 있으며, 처음에는 선교사의 가정에서 가정 교회로 시작해 한 명씩 전도해 나가는 식으로 하거나 아니면 마을에 크리스천 원주민이 있다면 그 원주민의 가정에서부터 사역을 진행하는 것이 좋다.

2. 원주민 선고 대상자가 원주민 보호 구역 밖에 있는가?

앞서 언급한 대로 밴드오피스는 연방 정부나 주정부에서 받은 예산과 자체적으로 랜드 리스(Land Lease: 토지 임대차) 등을 통해 벌어들인 소득으로 자기 부족민들에게 의료, 교육, 주택 등의 서비스와 더불어 어떤 원주민 마을에서는 충분하지는 않지만 그래도 의미 있는 액수의 생활비를 제공하기도 한다.

그리고 필자가 사역하는 원주민 부족의 경우 밴드오피스 등에 큰 냉장고를 만들어 놓고 부족원 중 누구나 와서 그곳에 있는 고기나 연어와 같은 식자재들을 가져갈 수 있도록 만들어 놓았으며, 이 부족이 가지고 있는 연어 어업권을 민간 회사에 넘겨 이윤을 창출할 뿐만 아니라 매년 수만 마리의 연어를 부차적으로 받아서 일부는 부족원주민들에게 나눠 주기도 한다.

이처럼 마을에 먹을 것이 풍족하다 보니 필자가 심방을 다니다 보면 밴드오피스에서 나눠준 연어가 집 밖에서 썩고 있는 것을 종종 보기도 한다.

이렇게 밴드오피스가 모든 일을 책임져 주는 환경에, 집이 없으면 조부모나 친척집 여기저기를 옮겨 다니며 살수도 있고 개인적으로도 자녀의 양육에 대한 의무나 직업을 가져 렌트비를 내는 것과 같은 자기 생활을 이어 나가야 하는 책임 등도 평생에 가져 본 적이 없는 경우가 매우 많다. 그래서 원주민 보호 구역을 떠나게 되면 자기 스스로 자신의 삶에 대한 책임을 지고 살아갈 능력이 매우 부족할 뿐만 아니라 주류 사회의 일반적인 세계관과 가치관 그리고 삶의 방식과는 너무 달라 대부분이 주류 사회 정착을 실패하고 노숙인의 삶을 살아간다.

이러한 가치관의 차이를 보여 주는 대표적인 예가 필자가 사역하는 교회에 처음 부임했을 때 당회(Board Meeting)에서 있었던 일로서, 당시에 당회는 오랫동안 이 원주민 교회의 재정을 맡아 수고해 주신 백인 할머니 한 분, 원주민 할머니 한 분 그리고 원주민 할아버지 한 분 이렇게 세 명과 담임목사가 당회를 구성했다.

참고로 이 원주민 할머니와 할아버지 당회원은 원주민 교회의 장로님들이셨는데, 이 모임에서 필자는 교회와의 고용 계약에 대해 언급하며 사례 부분은 당연히 선교지다 보니 교회가 사례를 줄 수 있는 형편일 때만 사례를 받는다는 조항이 있다고 설명을 했다. 그런데 그때 갑자기 할아버지 장로님이 벌떡 일어나더니 '왜 교회가 목회자의 사례비를 책임지냐며 교단에서 책임져야 한다'라고 화를 내며 자리를 떠난 일이 있었다.

나중에 필자가 섬기는 교회의 원로 목사님에게 이야기를 들어 보니 밴드오피스에서 모든 걸 다해 주는 환경에서 살기에 당연히 목회자의 사례는 교단에서 책임져야 한다고 생각한다는 것이다. 그리고 이러한 가치관과 생각을 가리켜 '밴드오피스 사고방식'(Band Office Mindset)이라고 한다는 것을 알게 되었다.

이러한 밴드오피스 사고방식을 잘 보여 주는 또 다른 예는 이 당회원인 백인 할머니와 원주민 할머니 사이에 있었던 대화에서 나타난다. 대화의 시작은 백인 할머니가 자기 집에 보일러가 망가져 수리비도 비싸고 해서 언제 고칠지 모르겠다는 하소연이었다.

이러한 백인 할머니의 하소연을 들은 원주민 할머니가 백인 할머니를 의아하게 쳐다보더니 밴드오피스에 이야기하면 알아서 다 고쳐 줄 텐데 무엇을 걱정하냐고 의아해 하던 일이 있었다.

이처럼 책임감이라는 것과는 상관없는 삶을 살다 보니 약속을 지키는 것에도 책임감이 없어 약속 시간을 지키지 않는 것은 매우 평범한 일이다. 심지어는 결혼식 날 신랑 신부가 한두 시간 늦는 것도 종종 있는 일이다.

그런데도 원주민들이 약속 시간을 엄수하는 때가 있는데 바로 장례식이다. 장례식 때만큼은 한 시간 일찍 모여 돌아가신 분을 애도하는데, 이러한 행동 양식은 나중에 본인의 장례에도 많은 사람이 참여해 주길 바라는 마음이 있기 때문이라고 한다.

원주민들의 책임감과 관련해 계속해서 다른 예를 살펴보면, 원주민 성도들의 연락처가 수시로 바뀌는 경우가 많은데 그 이유는 제때에 요금을 내지 않아 전화가 끊겨서 그런 것이다.

이러한 사고방식이 교회에도 적용되어 원주민 성도들은 교회 건물에 이상이 있으면 빠른 수리를 요구하고, 공동 의회 때 교회에 비상 자금이 있냐고 물어보고 없다고 하면 비상 자금을 만들라고 요구하며, 24시간 언제든 본인들이 연락하면 응답하기를 요구하는 등 요구 사항은 정말 많다.

그래서 필자 역시 목회자의 사례나, 교회의 운영과 수리 그리고 재정 등에는 일절 책임지지 않는 원주민들의 태도에 익숙해지다 보니 교회에 대해 자기의 요구를 신속하게 처리해 주기를 원하는 원주민에게 '교회 재정은 어렵고 나는 기술이 없는데 네가 해볼 수 있겠냐' 하고 오히려 물어본다. 그러면 그 원주민은 당연히 'No'라고 대답하며 더는 그 부분에 대해 요구하지 않는 것을 볼 수 있다.

그러나 앞서 언급한 대로 연어와 같은 먹을 것이 풍부한 환경이라서 그런지 헌금은 안 하지만 연어나 조개, 게 또는 굴 같은 해산물을 종종 헌물 하기도 하며, 때로는 사냥한 사슴이나 곰을 교회 뒷마당에 갖다 놓는 등 먹을 것에 관한 인심은 나름 풍성한 편이다.

원주민들이 필자에게 헌물한 굴, 성게 그리고 게 (Dungeness Crab).

이처럼 보호 구역에 사는 원주민들은 주류 사회에 속한 사람들과는 가치관 등에서 큰 차이가 있다. 그래도 원주민 보호 구역 안에서의 삶에는 무언가 문제가 있다는 문제의식과 무언가 인생을 바꿔보겠다는 이유 등으로 많은 원주민이 보호 구역을 떠나 기회를 찾아 대도시로 향한다.

하지만 이들 중 대다수는 주류 사회의 가치관과 생활 방식 등에 적응하질 못해 노숙인이 되어 오늘날 캐나다 전역의 노숙인 인구의 절반 정도를 원주민들이 차지하고 있으며, 이러한 이유로, 노숙인 사역은 자연스럽게 대도시에 집중되어 있고, 원주민 사역과 연결될 수밖에 없다.

1) 원주민 선교 대상자가 주류 사회 정착에 실패했는가?

원주민 선교 대상자가 주류 사회 정착에 실패하면 자연스럽게 노숙인의 삶을 살게 되는데, 이러한 노숙인들을 상대로 사역을 하는 것의 장점은 상대적으로 많은 도움을 기대할 수 있다는 것이다. 도심지에서 노숙인 사역은 지리적인 이점으로 인해 상대적으로 많은 지역 교회에 도움을 기대하거나 요청할 수 있는 장점이 있다. 그렇다고 해서 항상 모든 사역지마다 봉사자가 충분한 것은 아니다.

그러다 보니 심지어는 밴쿠버로부터 배 타고 두 시간 거리에 있는 곳에서 원주민 사역을 하는 필자에게도 매주 밴쿠버로 나와 노숙인 사역을 도와 달라는 요청도 받은적이 있다. 하지만 대부분의 노숙인 사역지들을 찾아가 보면 그래도 충분하지는 않지만 적지 않은 봉사자들이 함께하는 것을 볼 수 있다. 이와 비교해 사역 초창기 때 필자가 섬기는 원주민 교회는 필자 가족들이 유일한 봉사자였으며, 지금도 정말 소수의 인원으로 사역을 진행하고 있다.

어느 정도 거리가 있는 원주민 보호 구역보다는 도심지에 있는 노숙인 사역이 여러모로 도움을 요청하거나 봉사자들의 참여를 유도하는 데 있어 상대적으로 훨씬 수월하다.

그리고 필자의 경험상 교회 차원에서도 많은 준비와 더불어 비용과 기간이 상대적으로 더 소모되는 단기 선교에 비해 노숙인 사역은 일주일에 하루 반나절 정도 헌신하면 얼마든지 참여가 가능한 사역이기에 단기 선교보다는 가벼운 마음으로 성도들에게 섬김의 자세를 가르치며 지역에 소외된 계층을 섬기기 위한 목적으로 정기적으로 노숙인 사역에 참여하는 경우가 많다.

이처럼 지역 교회에 있어 노숙인 사역은 비교적 손쉽게 참여 가능한 1단계 단기 선교이며, 도심지에는 많은 교회가 있기에 상대적으로 확실히 많은 교회에 어필하고 봉사자들을 모을 수 있는 장점이 있다.

원주민 선교에 있어 선교 대상이 노숙인이라면 다른 선교지들에 비해 선교사의 정신 건강에 크게 도움이 되는 것이 두 번째 장점이다. 사역지 자체가 일반적인 문화생활과 편의 시설이 갖춰진 대도시이기에 사역자가 평범한 생활을 하며 사역을 병행할 수 있다는 장점이 있다.

　필자가 있는 곳도 어느 정도 규모가 있는 도시이긴 하지만, 한인 슈퍼마켓도 없을 뿐만 아니라 필자가 좋아하는 음식들은 이곳에서 구할 수가 없다. 그리고 가족의 경제적인 안정을 위해 지난 몇 년간 직장을 구해 보려고 노력했지만, 일자리가 많지 않아 거의 반포기 상태이다.

　한 예로 필자가 지원한 일자리 중 하나는 한 명 뽑는데 무려 칠십여 명이 지원할 정도였다. 일할 직장이 많지 않아 안정된 직업 구하기가 쉽지 않다. 하지만 주변 대도시만 나가면 한인 슈퍼마켓부터 다양한 레스토랑 그리고 안정된 직장을 구할 수 있는 더 많은 기회가 있다. 그래서 노숙인 사역이 쉽지 않은 사역이긴 하나 대도시에서 여러 편의 시설과 더불어 안정된 직장도 구할 수 있기에 사역자의 정신 건강에는 매우 좋은 환경이라고 할 수 있다.

　물론 장점만 있는 것은 아니다. 원주민 선교에 있어 선교 대상자가 노숙인이라면 계속해서 쏟아붓기만 하고 열매를 보기 힘든 사역이라는 단점이 있다. 노숙인 사역은 일반적으로 계속해서 섬겨야만 하는 사역이다.

　미국 남서부 지역에서 때론 노숙인들과 함께 동거하며, 수십 년 동안 노숙인 사역을 섬기고 계시는 한 목사님이 "노숙인 생활을 청산하는 것은 그 어떤 중독성이 강한 마약을 끊기보다 어렵다"라고 필자에게 말씀하신 적이 있다.

그 이유는 노숙인 삶에는 자기들 나름의 규칙은 있지만, 세상의 어떠한 규칙이나 질서 또는 법등에 얽매이지 않을 뿐만 아니라, 어떠한 것에도 책임을 지지 않아도 되는 절대적인 방종이 있기 때문이다.

또한, 때가 되면 봉사자들이나 사회 복지 단체들로부터 옷과 음식을 받을 수 있기에 노숙인으로 살아도 큰 불편함이 없기 때문이라는 것이다. 이처럼 노숙인 사역은 아무리 오랜 기간 사역에 투자해도 전인격적인 변화를 경험하는 선교의 열매를 맺기가 매우 힘든 사역이다. 그렇지만 신명기 10:17-19에서 하나님은 이렇게 말씀하고 계신다.

> 너희의 하나님 여호와는 신 가운데 신이시며 주 가운데 주시요 크고 능하시며 두려우신 하나님이시라 사람을 외모로 보지 아니하시며 뇌물을 받지 아니하시고 고아와 과부를 위하여 정의를 행하시며 나그네를 사랑하여 그에게 떡과 옷을 주시나니 너희는 나그네를 사랑하라 전에 너희도 애굽 땅에서 나그네 되었음이니라(신 10:17-19).

하나님께서는 사회로부터 소외당한 노숙인과 같은 이들의 편이시며, 이들을 사랑하라고 하나님께서 말씀하셨기에 비록 열매 맺기 매우 힘든 단점이 있다 할지라도 열매와는 상관없이 교회들은 이러한 노숙인에 대한 사역을 계속해서 섬겨야 할 의무가 있다.

2) 원주민 선교 대상자가 주류 사회에 정착했는가?

정말 소수의 원주민이 보호 구역을 떠나 주류 사회에 정착하게 되는데, 이러한 원주민들을 대상으로 하는 사역은 다음과 같은 장·단점이 있다. 무엇보다 원주민 선교에 있어 선교 대상자가 주류 사회에 정착해 직장을 가지고 있는 경우에는 평범한 사역을 기대할 수 있다는 장점이 있다.

원주민이 주류 사회에 정착했다는 의미는 일반적으로 기대할 수 있는 가치관을 따르고 있으므로 기본적인 신뢰성이나 책임감 등을 가지고 있다는 것이다. 따라서 교회를 섬김에 있어도 책임감을 느끼고 재정적으로 또는 물리적으로 교회를 섬기는 것 등을 기대할 수 있으며, 실제로 그렇게 교회를 섬긴다.

한 예로 필자의 교회에 출석하던 한 원주민 성도는 본래 알버타 주의 북부에 있는 부족 사람인데 필자가 섬기는 원주민 마을의 남성과 결혼하면서 이곳으로 이주하게 된 경우였다. 하지만 이 여성 성도가 소속된 원주민 부족에는 기숙 학교의 부정적인 영향보다는 복음주의 선교사들에 의해 순전한 복음이 심어져 오늘날에 이 부족은 상대적으로 매우 건강한 공동체를 이루며 살고 있다.

이런 배경으로 인해 이 여성 성도는 비록 원주민 보호 구역 안에 살고 있지만 계속해서 대학교까지 다녀 학위를 따고 직장을 구해 일도 하는 등 건강한 삶을 추구하고 자녀도 원주민 학생들이 다니는 학교가 아니라 인근 도시에 있는 기독교 사립 학교를 보낼 정도였다.

그리고 교회 섬김에도 책임 의식을 가지고 십일조를 하며 재정부와 주일 학교 등을 섬기는 등 여러 헌신을 해, 나이가 많지 않았는데도 필자가 섬기는 교회의 당회원(Board Member)이 되어 교회의 중요한 리더가 되었다.

하지만 건강하지 못한 원주민 보호 구역에서의 삶이 가족들에게 미치는 영향을 항상 걱정하다 결국 몇 년 전에 자신의 원래 부족으로 가족들을 데리고 이사를 했는데 교회에 대한 강한 책임감으로 몇 년이 지난 지금까지도 필자가 섬기는 교회에 십일조를 꾸준히 하고 있다.

이처럼 주류 사회에 정착한 경우에는 원주민이라 할지라도 일반인과 다를 바 없는 가치관을 따르고 있기에 성경 공부나 제자훈련도 가능하고 여러 교회 행사에 도움도 기대할 수 있으며 교회의 리더로서 섬길 수도 있다.

원주민 선교에 있어 선교 대상자가 주류 사회에 정착해 살아가는 경우의 다른 장점으로는 주변 환경이 선교사의 정신 건강에 도움이 된다는 것이다. 무엇보다 선교 대상자가 주류 사회에 살고 있다는 의미는 직업을 구할 수 있는 안정된 지역이라는 것으로, 사역지도 일반적인 문화생활과 편의 시설이 갖춰진 환경에서 사역자 역시 주류 사회로부터의 문화 혜택 등 평범한 생활을 하며 사역을 병행할 수 있다는 장점이 있다.

하지만 이렇게 주류 사회에 정착해 살아가는 원주민을 대상으로 사역할 때는 선교 대상자가 원주민만을 위한 사역에 별 관심을 두지 않을 수 있다는 것이 가장 큰 단점이다. 실제로 주류 사회에 정착한 이들은 주류 사회에 묻혀 살아가기에 교회도 원주민 교회가 아니라 현지 백인 교회를 출석하는 예도 많다.

필자가 섬기는 원주민 마을에서도 박사 학위를 가진 사람 등 몇몇은 건강한 삶을 살아가는데, 이들의 경우 앞서 말한 사례처럼 원주민 교회를 섬기는 예도 있지만, 대개의 경우 인근 도시에 있는 백인 교회를 출석하는 상황이다.

아무리 지역 교회라 해도 백인 교회는 원주민을 주 대상으로 사역하지 않을 뿐만 아니라 원주민 부족을 대상으로 적극적인 선교 활동도 하지 않는다. 이는 백인 교회뿐만 아니라 인근 도시에 있는 중국 교회나 한인 교회도 마찬가지이다.

이들의 주 사역 대상은 중국인과 한국인이며, 원주민을 주대상으로 섬기는 것은 필자가 섬기는 원주민 교회가 유일함에도 이들은 자기 부족에 대한 복음화에 대한 책임감 없이 주류 사회에 녹아 들어가 사는 경우가 많다. 오히려 앞서 필자의 교회를 섬기던 여성 성도가 다른 지역으로 이사 간 사례처럼 본인과 가족들에게 미치는 좋지 않은 영향을 우려하여 원주민 공동체를 떠나는 예도 많다.

이러한 이유로, 주류 사회에 정착한 이들을 대상으로 사역한다면 이러한 이들을 모으기가 쉽지 않을 뿐만 아니라, 오히려 이러한 이들이 원주민 사회를 향해 다시 돌아가는 것을 별로 내켜 하지 않을 수 있다는 사실을 염두해 두어야 할 것이다.

이상 크게 여섯 가지 부류의 원주민 사역과 그 특징들을 살펴봤다. 이러한 분류는 대략적인 분류이고 넓은 캐나다의 땅 크기만큼 지역적인 특색이나 각 부족의 성향 그리고 기숙 학교의 영향의 정도에 따라 사역의 내용이 다를 수 있기에 단편적인 지식과 경험만으로 그 사역을 판단하거나 캐나다 원주민 선교 전체를 일반화하는 오류를 지양해야 할 것이다.

또한, 원주민 선교에 참여하고자 한다면 이러한 사역의 차이점들을 잘 염두에 두고 자기에게 가장 맞는 사역지를 잘 선택해서 더욱 만족스러운 사역을 감당하기를 소망한다.

제2장 여러분 모두가 선교사다!

그동안 필자는 캐나다 원주민 선교에 관심을 갖는 많은 평신도를 만날 기회가 있었는데, 이들의 공통점은 선교에 관심은 있지만, 원주민 선교에 장기적으로 헌신하는 것은 오로지 전문적으로 신학 교육을 이수한 목회자만이 가능하다고 생각하는 것이었다.

하지만 그간 필자의 경험으로 깨달은 것은 오히려 목회자가 원주민 사역에 있어 더 많은 제약과 어려움이 있다는 것이다. 물론 목회자는 목회자만이 감당할 수 있는 일이 있다.

대표적인 것이 바로 결혼 예식 집례이다. 캐나다에서 정식적으로 결혼하기 위해서는 시청을 통하든지 아니면 결혼 주례권이 있는 성직자를 통하는 등 몇 가지의 방법으로 가능한데, 교통이 불편한 지역에 있는 원주민 마을은 시청을 보유한 도시가 가깝지 않은 예도 종종 있기에 이런 환경에서는 보통 목회자만이 결혼예식을 집례하고 결혼 증명서(Marriage Certificate)를 신청할 수 있다.

2022년 2월 필자가 장례식을 집례하는 모습..

224 캐나다 원주민 선교

그래서인지 필자가 한 오지에 있는 원주민 마을을 방문했을 때 원주민들이 필자에게 첫 번째로 물어본 질문이 바로 결혼 주례가 가능하냐는 것이었다.

목회자만이 감당할 수 있는 다른 일은 바로 원주민 교회를 운영하는 것이다. 많은 원주민 교회가 목회자가 없어 운영되지 않거나 문을 닫는 일이 빈번히 일어나는 상황에 교회에 정식으로 부임해 교회를 운영하고 책임지며 성도들을 목양하는 것은 목회자만이 할 수 있는 목회자의 고유한 영역이라고 할 수 있다.

이밖에 장례식도 목회자가 많이 집례 하기도 하지만 장례식을 목회자가 집례하는 것은 필수적이지는 않다. 필자가 경험한 바로는 필자가 사역하는 원주민 마을에서의 장례 방법은 네 가지나 있다.

첫째, 무엇보다 돌아가신 분이나 유가족이 크리스천일 경우에는 필자나 필자가 섬기는 원주민 교회의 원로 목사님이 장례 예배를 집례한다.

둘째, 이 방법은 성직자와 같은 외부인의 도움 없이 원주민 전통 방식으로 장례를 치르는 것이다.

셋째, 이 경우에는 원주민 전통 교회인 세이커교회(Shaker Church)의 성직자가 그 교회의 전통대로 장례식을 집례 하는 것이다. 이 세이커교회는 1882년 미국 워싱턴주에서 설립되었으며, 미국 워싱턴주와 캐나다의 브리티시컬럼비아주를 중심으로 살아가는 코스트 샐리시 원주민 부족의 전통 신앙과 가톨릭교회의

전통이 혼합된 원주민 종교다.[1]

넷째, 원주민 전통 방식과 기독교식 그리고 세이커교회 방식으로 종합해 장례식을 진행하는 것이다. 이 경우에는 유가족의 일부가 세이커교회의 교인이며 또 다른 일부가 크리스천일 때 이렇게 진행한다. 이처럼 목회자가 장례를 집례 하는 것은 필수가 아니다.

하지만 원주민 교회 사역, 결혼과 장례 집례 이외에 목회자는 이미 목회자라는 색안경을 끼고 원주민들이 바라볼 뿐만 아니라 예전 기숙 학교의 영향으로 여전히 교회와 성직자에게 반감이 있는 원주민들도 있기에 사역에 제약이 따를 수밖에 없다. 이러한 이유로 필자가 이전에 단기 선교로 왔었던 것까지 하면 10년 넘게 현재 사역하는 원주민 부족을 섬기고 있지만, 여전히 필자를 못마땅하게 생각하는 원주민들도 적지 않다.

또한, 목회자는 다른 직업 교육을 받지 않은 이상 교회를 통해서만 생활할 수 있는데 앞서 이야기한 대로, 대다수 원주민이 교회에 대한 책임감이라든지 헌금을 하는 것에 대한 이해도가 없는 원주민 교회의 특성상 재정적 어려움이 따를 수밖에 없다.

이와는 반대로 평신도 사역자 특히, 전문적인 기술이 있는 경우에는 원주민 마을에 직접 고용되어 일할 수 있을 뿐 아니라 원주민들에게 직접적인 그리고 대단한 영향력을 끼칠 수 있는 위치

---

1 Eric Wright, *Indian Shaker Church,* the Canadian Encyclopedia, https://www.thecanadianencyclopedia.ca/en/article/shaker-religion

에 있을 수도 있다. 이처럼 원주민 사역에 참여할 수 있는 대표적인 직업군들을 살펴보면 다음과 같다.

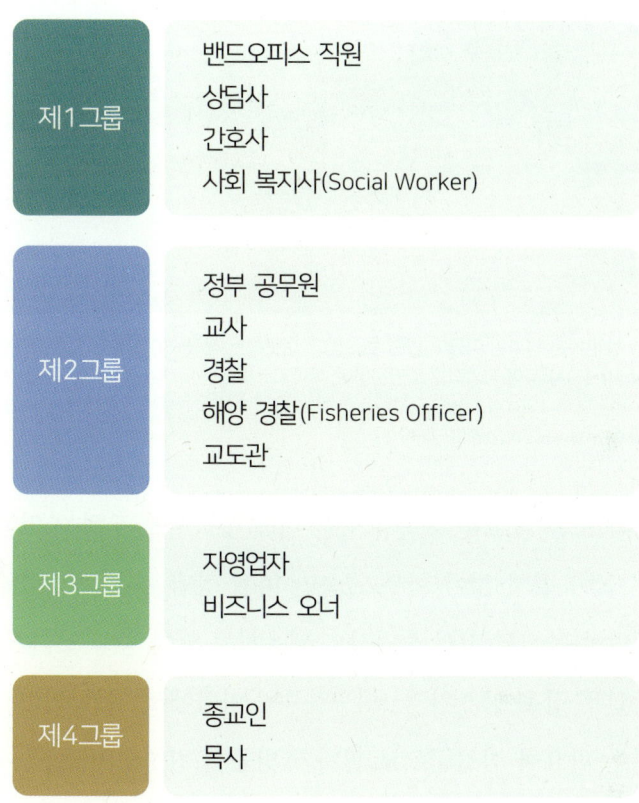

1. 전문직 종사자가 되어 원주민 선교사 되기

제1그룹에 속한 직업군은 거의 모든 원주민 마을에서 선호하고 필요로 하는 직업들이다. 거의 대다수 원주민 마을에서는 자살 시

필자가 수년간 방문했던 원주민 마을에 있던 헬스센타. 이곳에는 정식으로 고용된 간호사뿐만 아니라 상담사, 마사지사 등이 정기적으로 방문하며, 때때로 치과 의사도 방문해 원주민들을 치료한다.
출처: https://snawnawas.org/health-centre

도자나 마약 또는 알코올 중독자 등을 위해 상담사를 구하고 있는데 인력 수급이 쉽지 않아 학부 교육만 마쳐 상담 자격증이 없더라도 원주민 마을에서 정식 상담사로 채용하는 일이 종종 있다.

간호사 같은 경우에도 거의 모든 원주민 마을에서 의료 서비스를 담당하는 필요한 직업군으로 필자가 방문한 원주민 마을 중에는 심지어 전체 인구가 백 명도 안 되는 작은 원주민 부족이었음에도 정식으로 간호사를 채용해 부족원들에게 의료 서비스를 제공하는 예도 있었다.

사회 복지사 또한, 간호사와 같은 수준의 수요가 있는데 어떤 부족에서는 사회 복지사가 청소년들을 담당하는 청소년 관리자로 일하기도 한다.

2. 공무원으로 원주민 선교사 되기

제2그룹에 속한 직업군은 원주민 마을에 직접적으로 고용되지는 않지만, 공무원의 신분으로 원주민 마을에 공식적으로 거주하며 원주민들을 상대할 수 있는 직업들이다.

특히, 교사라는 직업군은 앞서 언급한 제1그룹에 속한 직업들과 같은 수준의 수요와 필요가 있으며 원주민 아이들과 청소년들에게 직접적인 큰 영향력을 끼칠 수 있는 직업이다. 하지만 교통이 불편한 지역이나 오지에 있는 원주민 마을에 있는 학교들은 충분한 수의 교사를 구하기가 쉽지 않다.[2]

이런 이유로 원주민 부족이 직접 운영하는 학교들에 한해서는 교사가 충분하지 않으면 학사 학위(Bachelor's Degree)만 있더라도 교사로 채용하는 예도 있다. 그리고 필자가 문의해 본 결과 북극권의 유콘주 같은 경우에는 공립 학교라도 교사가 부족한 곳이 많아 교사 자격증이 없는 사람도 교사로 채용하며 이후 교사 자격증을 딸 수 있도록 도와준다고 한다.

실제로 필자 역시 예전에 브리티시컬럼비아주 오지에 있는 한 원주민 교회로 부임이 거의 확실시되었던 적이 있는데 그때 교회에서 사례하기 힘든 형편이었기 때문에 한 성도가 '주중에는 학교

---

[2] Holly Caruk, *Rural students go to school without teachers as remote communities struggle to find staff,* CBC News, Sep 12, 2018, https://www.cbc.ca/news/canada/manitoba/rural-manitoba-first-nations-teachers-shortage-1.4819840

> Hi there
> There are times we do hire and apply for a Permission to Teach certificate for the person. This is only if we cannot find a suitable certified teacher for a position.
> Are you with the LIghthouse?

교사의 자격과 관련해 브리티시컬럼비아주에 있는 한 원주민 학교의 담당자로부터 받은 이메일의 원문.

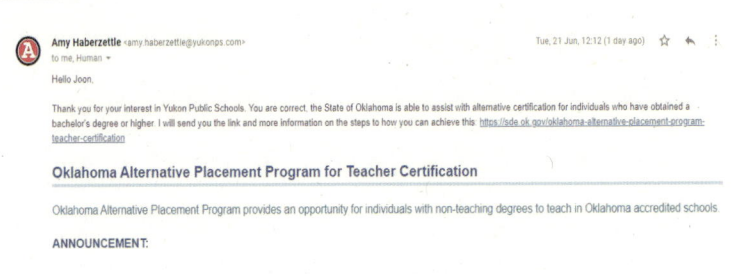

교사의 자격과 관련해 유콘주 교육청 담당자에게 받은 이메일의 원문.

에서 교사로 일하면 어떻겠냐며 자기도 학사 학위만 가지고 교사로 일하고 있는데 필자는 목회자니까 당연히 학력이 높지 않겠느냐'고 제안 한 적이있었다.

이처럼 교사라는 직업은 원주민 선교에 관심 있는 학사 학위 이상을 가진 성도들 가운데 특별히 원주민 아이들을 사랑하고 섬기기를 원하는 모든 이들에게 선교의 기회를 제공하는 매우 가치 있는 직업이라 할 수 있겠다.

이밖에 경찰이라는 신분 역시 원주민 마을에 상당한 영향력을 미치는 직업이자 위치로서, 아무리 오지에 있는 원주민 마을이라도 보통 두 명 또는 세 명의 연방 경찰이 파견된 경우가 많다.

브리티시컬럼비아주 한 원주민 보호 구역에 있는 원주민 소년에게 연방 경찰이 상장을 수여했으며 이 부족 장로들이 이 원주민 소년을 매우 자랑스럽게 생각한다는 신문 기사.
출처: https://www.northislandgazette.com/community/north-island-first-nation-youth-commended-by-rcmp-for-his-commitment-to-community/

이들은 원주민 마을 안에서 거주하며 원주민들을 직접 상대하고 때로는 범죄와 같은 잘못된 행위에 대해 직접 처벌도 할 수 있는 막강한 권한이 있기에 원주민들을 계도하고 때로는 훈육도 할 수 있는 엄청난 영향력을 행사할 수 있는 직업이라 할 수 있겠다.

또한, 캐나다에는 한국의 해양 경찰과 비슷한 수산 담당관(Fisheries officer)라는 공무원이 있는데 경찰과 같이 수사와 체포 권한이 있지만 주로 어업권과 관련된 일을 다룬다.

이러한 특징으로 주로 바닷가에서 근무하는데 북극권 오지에 있는 원주민 마을이라도 바닷가가 인접해 있다면 이러한 수산 담당관은 공무원의 신분으로 파견되어 근무할 수 있다.

Fisheries Officer 들이 원주민들과 대화를 나누고 있는 모습.
출처: https://redpowermedia.wordpress.com/tag/coastal/

교도관 역시 원주민 사역을 하는 데 있어 매우 효과적이며 많은 영향력을 행사할 수 있는 직업인데, 중요한 것은 다른 직업과는 달리 교도관은 원주민 마을에 들어가 살아야 할 필요가 없다는 것이다.

캐나다 전역에 있는 교도소에 수감 된 남자 수감자 중 무려 30퍼센트가 원주민이며 여성 수감자는 40퍼센트 이른다고 하는데[3] 특별히 필자가 거주하고 있는 브리티시컬럼비아주는 상황이 더 심각해

---

3 Department of Justice, *Overrepresentation of Indigenous People in the Canadian Criminal Justice System: Causes and Responses*, https://www.justice.gc.ca/eng/rp-pr/jr/oip-cjs/p3.html

여성 수감자 중 절반인 50퍼센트가 원주민이라는 발표도 있었다.[4]

이러한 환경이기에, 원주민 보호 구역으로 가지 않아도 교도소는 여러 부족의 원주민들이 모이는 장소며 교도관이라는 신분은 이들을 관리하는 위치다 보니 원주민들에게 더욱 효과적으로 영향력을 끼칠 수 있다.

2. 자영업자로서 원주민 선교사 되기

제3그룹은 자영업자로서 월급을 받는 상황이 아니라 월급을 주는 위치에 있으며, 직업과 관계된 기술과 직업 윤리 등을 가르쳐야 하는 자리에 있다 보니 이 또한 원주민들에게 많은 영향력을 미칠 수 있는 직업이라 할 수 있다.

그동안의 사례들을 보면, 보통 작은 슈퍼마켓(Grocery Store)부터 시작해 원주민들 상대로 차가버섯이나 송이버섯 등을 구입해 가공 및 판매하는 사업이나 원주민의 땅에서 나무를 구매해 벌목하는 목재 사업 등도 가능하다고 한다.

---

[4] Travis Lupick, B.C. prisons are filled with hugely disproportionate numbers of Indigenous inmates, Stats Canada finds, straight, June 25, 2018, https://www.straight.com/news/1094481/bc-prisons-are-filled-hugely-disproportionate-numbers-indigenous-inmates-stats-canada

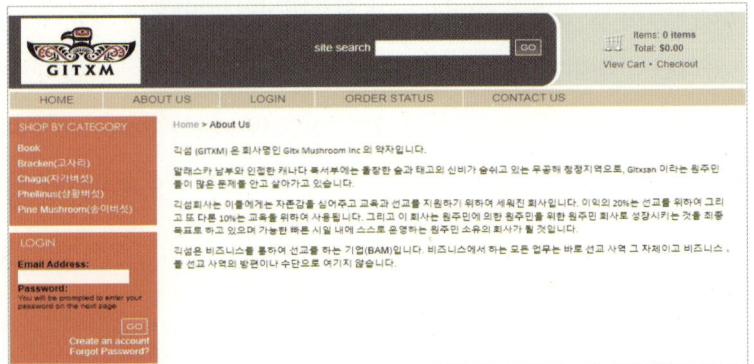

원주민 선교를 위해 한인 선교사님이 운영하시는 회사로서 원주민들을 통해 차가버섯 등을 수확해 판매한다.
출처: http://gitxmushroom.com/about-us.aspx

3. 목회자로서 원주민 선교사 되기

마지막 제4그룹은 목회자인데 목회자로서 원주민 사역에 참여하는 방법은 대략 네 가지의 방법이 있다.

첫째, 앞서 언급한 대로, 현지 원주민 교회에 목회자로 부임하는 것이다.

제2부 제3장에서 다뤘듯이 캐나다 오순절 교단에만 현재 열다섯 개의 교회가 목회자의 부재로 인해 당장 교회 문을 닫아야 하는 위기에 처해있으며, 목회자가 있는 원주민 교회라 할지라도 많은 원주민 교회의 목회자가 연로한 상황이라 후임 목회자가 필요하다.

필자도 이렇게 목회자의 부재로 문을 닫아야 할 위기에 처한 원주민 교회에 부임하였고, 때로는 어려움에 지쳐 목회지를 옮길까 하는 마음이 들기도 하지만, 필자가 그만두면 교회가 문을 닫아야 하기에 다시 마음을 고쳐먹은 적도 여러 번 있다.

이렇게 목회자를 꼭 필요로 하는 원주민 교회에 부임할 수 있는 것은 오로지 목회자만이 감당할 수 있는 목회자의 특권으로서 이러한 특권을 많은 목회자분이 누리기를 소망한다.

둘째, 원주민 교회가 없는 지역에 원주민 교회를 개척하는 것이다. 이러한 신규 개척을 위해 무조건 가서 교회 건물부터 짓지 말고 반드시 현지 원주민 마을 사람들과 천천히 관계를 만들어나가면서 가정 교회로 시작해 한명 한명씩 전도해 성장하는 과정을 추천한다. 만약 그 원주민 마을에 크리스천이 있다면 그 가정에서부터 예배를 시작하는 것도 매우 좋은 방법이다.

셋째, 청소년이나 어린이 또는 어떤 대상을 집중해서 전문 사역을 하는 것이다.

현지에 원주민 교회와 목회자가 있다 하더라도 청소년이나 어린이들을 전문으로 섬겨줄 수 있는 사역자가 없는 경우가 많기에 현지 원주민 교회에서 동역할 수도 있으며, 교회가 없다 하더라도 전문 사역을 진행할 수가 있다.

넷째, 도심지에서 노숙인으로 살아가는 원주민들을 섬기는 노숙인 사역을 하는 것이다.

이외에도 원주민들과 직접 관계를 맺고 섬길 수 있는 직업들이 분명히 더 있을 것이다.

이처럼 캐나다 원주민 선교에 참여하는 방법은 굳이 목회자가 아니라도 다양한 직업을 통해 참여할 수 있으며, 때로는 오히려 다른 직업을 가진 선교사들이 목회자 보다 원주민의 삶 속에 더 깊이 다가가며 더 큰 영향력을 행사할 수도 있다.

성경적으로도 예수님은 목회자뿐만 아니라 성도 모두를 선교사로 부르셨다. 선교사에 대한 성경적 배경을 살펴보면, 예수님의 제자들은 예수님의 십자가 위에서의 죽음 이후 바리새인들과 로마 군병들의 박해가 두려워서 몰래 숨어있었다.

브리티시컬럼비아주에 있는 밸라쿨라원주민 교회. 오랫동안 목회자의 부재로 인해 운영이 중단되었다.
출처: https://www.advrider.com/f/threads/bella-coola-via-cariboo-chilcotin-back-roads.1026422/page-3

그런데 예수님은 죽음으로부터 부활하신 후에 바로 제자들이 숨어있는 장소에 나타나셔서 말씀하셨다.

> … 평강이 있을지어다 아버지께서 나를 보내신 것 같이 나도 너희를 보내노라 (요 20:21).

그리고 이 헬라어로 "보내다"라는 말씀이 나중에 라틴어로 미시트(*misit*)과 미토(*mitto*)라고 번역이 되어, 초대 로마 교회에서 미전도 지역에 파송된 수도승을 미시트(*misit*) 또는 미토(*mitto*)와 동의어인 미시오(*missio*), 즉 보냄을 받은 자라는 호칭하게 되었다. 이후 미셔너리(*missionary*)와 미션(*mission*)으로 변형되었으며 한국어로는 미셔너리(*missionary*)는 '선교사'로 미션(*mission*)은 '선교'로 번역 되어 오늘날 사용되게 된 것이다.[5]

이를 정리하면 선교라는 말의 어원은 요한복음 20:21의 "보내다"로서, 성경에서 말하는 선교의 뜻은 '보냄'이며, 선교사는 '보냄을 받은 자'라는 것이다.

무엇보다 성경은 어떤 특정한 사람만 보낸다고 말하지 않는다. 요한복음 20:21에서 예수님은 제자 모두를 세상 가운데로 보내신다. 그리고 마태복음 28:19-20을 보면, 예수 그리스도를 믿는 모든 예수님의 제자들은 모든 민족으로 가야 한다고 말씀하신다.

---

5 Craig Ott, et al., *Encountering Theology of Mission* (Grand Rapids: Baker Publishing Group, 2010), 14.

한마디로, 예수 그리스도를 믿는 성도들 모두가 바로 세상 가운데에 보냄을 받은 선교사라는 것이다.

따라서 원주민 선교는 목회자만 하는 것이라는 편견을 버리고 캐나다 사회로부터 소외되고 "어그러진 복음"으로부터 깊은 상처를 받은 원주민들에게 진실된 복음을 전하는 거룩한 사명에 평신도나 목회자를 가리지 않고 더욱 많은 사람이 참여해야 한다.

이를 통해 우리 주 예수 그리스도의 지상명령에 순종하는 성도들이 크게 늘어날 뿐만 아니라, 캐나다 땅에 하나님의 나라가 점점 더 확장되어가는 놀라운 역사가 일어나기를 소망한다.

결론: 다음 세대가 소망이다

제1부 원주민 문화에서 살펴봤듯이 본래 캐나다의 원주민들은 오늘날에 원주민들이 처한 상황과는 전혀 다른 자기들만의 전통과 문화를 지키며 책임감을 느끼고 가족과 이웃을 돌보는 건강한 공동체 의식을 가졌을 뿐만 아니라 자긍심이 높은 용맹한 전사들이었다.

그래서 이들에게 필요했던 것은 이들의 문화를 대체하는 새로운 문화도 아니었고, 오로지 이들이 믿고 있는 창조주가 바로 하나님이며, 독생자 아들 예수 그리스도를 믿음으로 구원받는 온전한 복음이었다.

이런 이유로, 17세기와 20세기에 있었던 캐나다 원주민을 대상으로 한 성공적인 선교 활동과 부흥의 역사는 이들의 문화를 존중하는 겸손한 현지화가 그 밑바탕에 깔려있었다. 17세기의 예수회 선교사들은 원주민 사회에 들어가 그들과 함께 살면서 그들의 문화를 배우고 그들의 언어로 찬송가 등을 번역했다.

20세기 오순절 교단의 선교사들도 원주민 사회에 들어가 원주민이 지도자가 되고 원주민이 직접 운영하는 진정한 원주민 교회를 이뤄가기 위해 최선을 다했다.

하지만 안타깝게도 이미 살펴봤던 것처럼, 17세기 예수회 선교사들은 다음 세대를 위한 교육 사역에는 힘썼지만, 원주민이 지도자가 되는 것을 막았기에 부흥의 역사가 지속하지 못했다. 반대로 20세기의 오순절 교단 선교사들은 원주민 지도자를 양성하기 위해 수많은 원주민 신학교를 세웠지만, 다음 세대를 위한 교육 사역의 중요성을 간과해 세대를 넘어선 부흥에는 실패하고 말았다.

그리고 이러한 교육 사역의 영향력은 아이러니하게도 19세기부터 시작해 20세기까지 유지되었던 기숙 학교를 통해 더욱 확실히 증명되었다.

순전한 복음을 전파하는 것이 목적이 아니라 서구 문화를 주입해 소위 문명화를 시킨다는 식민지 정책을 이루기 위한 목적으로 기숙 학교가 운영되어 "어그러진 복음"이 다음 세대에 영향을 미쳤을 때 이들의 문화와 인격은 철저히 파괴되어 오늘날 원주민 사회가 마주하고 있는 수많은 문제를 양산하게 된 것이다.

이러한 지난 사백여 년간의 캐나다 원주민 선교의 역사를 정리하면 세 가지의 키워드로 정리해 본다.

서스캐처원주 새스커툰에 위치한 파더로빈슨초등학교(Father Robinson Elementary School), Saskatoon, Saskatchewan.
출처: https://www.cardus.ca/research/education/reports/pursuing-excellence-in-christian-education-indigenous-perspectives/

첫째, 현지화

둘째, 다음 세대를 대상으로 하는 교육 사역

셋째, 원주민 지도자 양성

이렇게 세 가지가 조화를 이뤘다면 캐나다 원주민 선교는 분명 세대를 뛰어넘는 부흥의 역사가 있었으리라 필자는 믿어 의심치 않는다. 그렇다면 여기서 한 가지 질문을 해 보지 않을 수가 없는

데, 그것은 바로 이런 세 가지 요소가 오늘날의 캐나다 원주민 선교에도 과연 효과적인 방법론이 될 수 있겠냐는 것이다.

오늘날의 원주민은 과거의 원주민과는 다른 수많은 문제를 끌어안고 살아가고 있으며, 과거 기숙 학교의 영향과 더불어 최근에 기숙 학교 터에서 발견되는 수천의 원주민 아이들의 유골들로 인해 기독교와 복음에 대한 원주민들의 적대감은 더욱더 심각해져 가고 있다. 이처럼 과거와는 완전히 다른 상황에 처해 있는 것이 바로 오늘날의 캐나다 원주민 선교의 현주소이다.

필자가 이러한 고민에 사로잡혀 있을 때 캐나다에 대표적인 기독교 대학 중 하나인 트리니티웨스턴대학(Trinity Western University)의 캐스텔론(A. Castellon) 교수와 줄(A. Jule) 교수의 주도로 2020년 1월에 발표된 사례 연구 논문(Case study)은 필자의 눈길을 끄는 매우 흥미로운 내용을 담고 있었다.

무엇보다 이 연구의 대상은 바로 사스케츠원주 원주민 보호 구역에 세워진 파더로빈슨초등학교와 홀리크로스고등학교(Father Robinson Elementary School and Holy Cross High School)라는 이름의 가톨릭 학교로서, 이 학교의 학생들은 모두 1,716명인데 학교의 위치 때문에 학생들 대부분이 원주민이라는 것이다.[1]

이 가톨릭 학교의 운영 목적은 사명 선언문(Mission Statement)에서 잘 드러나는 데 우선 초등학교인 파더로빈슨(Father Robinson)

---

[1] Adrienne Castellon, et al., *Pursuing Excellence in Christian Education: Indigenous Perspectives,* Cardus, January 16, 2020, 3.

파더로빈슨초등학교와 홀리크로스고등학교 학생들의 원주민 문화의 전통가옥의 형태 중 하나인 천막(Tipis)을 만든 모습.
출처: https://www.cardus.ca/research/education/reports/pursuing-excellence-in-christian-education-indigenous-perspectives/

의 사명 선언문은 "We, the Father Robinson School Community, securely rooted in the Gospel Values …."라고 복음의 가치에 기초를 두고 있다는 문장으로 시작하며 고등학교인 홀리크로스(Holy Cross)는 "… learning community characterized by Gospel values and prayer"라고 복음의 가치와 기도의 특색이 있는 배움의 공동체라

는 문장으로 선언문의 끝을 장식한다.[2]

한마디로 이 가톨릭 학교는 과거의 기숙 학교와는 달리 순수한 복음과 그 가치를 가르치기 위한 교육 기관이라고 밝히고 있다.

이와 더불어 이 학교에서 가장 중점을 두고 있는 것이 바로 화해(Reconciliation)으로서 과거 가톨릭교회에서 기숙 학교를 통해 원주민들에게 상처 줬던 역사를 솔직하게 교육하며 동시에 원주민 전통 문화의 회복을 위해 아이들에게 전통 문화 체험과 같은 프로그램들을 진행함으로 과거에 대한 반성과 더불어 이들의 문화를 존중하는 현지화를 지향하고 있다.[3]

이처럼 과거의 잘못에 대한 반성과 함께 순수한 복음과 겸손어린 현지화가 함께 조화를 이루므로 아이들뿐만이 아니라 부모들과 이들이 속한 원주민 공동체까지 긍정적인 영향을 끼치는 진정한 회복이 일어나고 있다는 연구 결과를 접할 수 있었다.[4]

또한, 미국 원주민기독교학교(The American Indian Christian School)는 1985년에 설립되어 미국에서 최대 원주민 부족인 나바호 부족과 아파치 부족원주민 아이들을 대상으로 운영되는 사립 기독교 학교인데, 일반 원주민 학교에 다니는 것에 비해 이 기독교 사립학교에 다니는 학생들은 기본적으로 학업 성취도가 높아질 뿐만이나 아니라 마약과 술의 남용, 갱 문제 그리고 폭행 등의 건강

---

2   Ibid.
3   Adrienne Castellon, et al., 4.
4   Ibid, 8.

미국 아리조나주에 위치한 미국 원주민기독교학교(The American Indian Christian School).
출처: American Indian Christian Mission, School, https://www.aicm.org/school.html

하지 못한 환경으로부터 안전하게 보호되고 있다고 학교 측은 밝히고 있다.[5]

앞서 제3부 제2장에 효과적인 어린이 사역을 위한 방법론에서 필자는 원주민 어린이 사역에서 중요한 또 다른 요소는 교육하는 것만큼 건강하지 못한 환경에 노출되는 것을 줄여야 한다고 강조했다. 그런데 이는 아무리 여름 방학 동안 여름 성경 학교를 운영하고

---

[5] 미국 원주민기독교학교(American Indian Christian Mission School), https://www.aicm.org/school.html

매주 교회 학교를 운영해도, 건강하지 못한 환경에 노출되어 있는 시간이 길다 보니 이 아이들이 변화되기가 매우 어렵다는 것이다.

하지만 미국 원주민기독교학교의 사례에서 볼 수 있듯이, 기독교 학교는 일반 공립 학교나 원주민 학교에 비해 원주민 아이들에게 영성과 더불어 양질의 지성을 함께 교육할 수 있을 뿐 아니라 마약과 술, 폭력 그리고 갱과 같은 범죄와 건강하지 못한 환경에 노출되는 것을 상당히 막아줄 수 있는 방파제와 같은 역할도 한다는 것이다.

물론 캐나다 전역에도 좋은 기독교 학교들이 많이 있으며, 적지 않은 수의 학교가 원주민 보호 구역에서 멀지 않은 곳에 있어 원주민 부모들이 의지만 있다면 이러한 기독교 사립학교에 보낼 수 있고, 실제로 필자가 섬기는 원주민 부족에서도 인근 도시에 있는 기독교 학교에 자녀들을 보내는 원주민 부모들도 몇몇 있다.

하지만 이런 일반 기독교 학교에서는 이루어질 수 없는 것이 있는데 그것은 바로 파더로빈슨초등학교와 홀리크로스고등학교 그리고 미국 원주민기독교학교에서 이루어지는 원주민 전통과 문화에 대한 현지화 교육이다.

이들이 자기 전통을 배우고 더욱더 깊은 이해를 통해 원주민이라는 정체성에 자부심을 가질 수 있어야 복음과 인격의 진정한 회복이 이루어질 수 있다.

그리고 이렇게 본래 원주민의 옛 모습을 되찾는다면, 부족의 어른을 공경하며 부족의 아이들을 함께 돌보았던, 한마디로 개인의 안녕과 성공보다는 공동체를 더 우선시했던 모습으로 돌아가 자신의 공동체와 민족을 돌아볼 줄 알고 책임감을 가진 진정한 크리스천 리더들로 성장할 수 있다는 것이 필자의 생각이다.

이처럼 캐나다의 파더로빈슨초등학교와 홀리크로스고등학교 그리고 미국 원주민기독교학교의 사례가 증명하듯이, 여전히 현지화와 다음 세대를 향한 교육 사역은 캐나다 원주민 선교에 있어 가장 효과적일 뿐 아니라 "어그러진 복음"의 완전한 회복을 위한 유일한 방법이기에 원주민 기독교 학교야말로 캐나다 원주민 선교의 열쇠라고 필자는 결론을 내리게 되었다.

그리고 이렇게 원주민 기독교 학교를 통해 영성과 지성 그리고 원주민으로서의 바른 정체성을 고루 갖춘 젊은 원주민들이 신학 교육과 대학 교육까지 이수해 각 원주민 마을의 중요한 위치에 오르고 나아가 원주민 교회의 지도자가 된다면 그때부터가 비로소 캐나다 원주민 선교의 진정한 부흥의 시작이 될 것이다.

참고 문헌

원문 단행본

Adams, Jodie, et al. *Our Stories: First Peoples in Canada*. Toronto: Centennial College, 2018.

Hall, Richard. *Atlantic Politics, Military Strategy and the French and Indian War*. Swansea: Palgrave MacMillan, 2016.

Kulbeck, Gloria. *What God Hath Wrought: A History of The Pentecostal Assemblies of Canada*. Toronto: PAOC, 1958.

Meikle, Margaret. *Cowichan Indian Knitting*. Vancouver: The University of British Columbia Museum of Anthropology, 1987.

Ott, Craig, et al. *Encountering Theology of Mission*. Grand Rapids: Baker Publishing Group, 2010.

Swanky, Tom. *The Smallpox War in Nuxalk Territory*. Morrisville: Lulu Press, 2016.

Taylor, Alan. *American Colonies: The Settling of North America*. New York: Penguin Books, 2002.

국문 단행본

김신호, 『한국 교회에 영향을 미친 미국교회사』, 서울: 레어출판사, 2020.

권영수, 『한국 교회 해외선교의 선구자들: 언더우드 선교 상 수상자 7인의 선교 이야기』, 연세대학교 언더우드기념 사업회, 서울: 신앙과지성사, 2016.

김성태, 『세계 선교 전략사』, 서울: 생명의말씀사, 1994.

서정운, 『교회와 선교』, 서울: 두란노, 1995.

심재두, 『한국 교회 해외선교의 선구자들: 언더우드 선교 상 수상자 7인의 선교 이야기』, 연세대학교 언더우드기념 사업회, 서울: 신앙과지성사, 2016.

이영, 『선교 매트릭스』, 서울: 좋은 땅, 2021.

학위 논문

Mix Ross, Aaron Albert. "The Havens Have Become a Highway: The Pentecostal Assemblies of Canada Northland Mission and the Indigenous Principle." Ph.D. diss., Wycliffe College, 2019.

조병준, "단기 선교를 통한 선교 지향적 교회로의 성장 방안" 박사학위 논문, 총신대학교 신학대학원, 2017.

인터넷 자료

American Indian Christian Mission. *School*. https://www.aicm.org/school.html 2022년 6월 23일 접속

Barrera, Jorge. *Budget boosts funding for First Nations self-government, Indigenous services*. CBC News, Feb 27, 2018. https://www.cbc.ca/news/indigenous/federal-budget-2018-indigenous-file-1.4552955 2022년 6월 23일 접속

Britannica Encyclopedia. *Canadian aboriginal reserves*.
https://www.britannica.com/place/Canadian-aboriginal-reserves/Land-claims

2022년 6월 23일 접속

Castellon, Adrienne. et al. *Pursuing Excellence in Christian Education: Indigenous Perspectives*. Cardus, January 16, 2020. https://www.cardus.ca/research/education/reports/pursuing-excellence-in-christian-education-indigenous-perspectives/ 2022년 6월 23일 접속

Caruk, Holly. *Rural students go to school without teachers as remote communities struggle to find staff*. CBC News, Sep 12, 2018. https://www.cbc.ca/news/canada/manitoba/rural-manitoba-first-nations-teachers-shortage-1.4819840 2022년 6월 23일 접속

CBC News. *Racism a key factor in B.C.'s growing Indigenous overdose crisis, says health official*. May 27, 2021. https://www.cbc.ca/news/canada/british-columbia/first-nations-overdose-deaths-covid-19-1.6043644 2022년 6월 23일 접속

_____. *RCMP 'herded' native kids to residential schools*. Oct 29, 2011. https://www.cbc.ca/news/canada/rcmp-herded-native-kids-to-residential-schools-1.992618. 2022년 6월 23일 접속

_____. *Aboriginal children used in medical tests*. August 1, 2013. https://www.cbc.ca/news/politics/aboriginal-children-used-in-medical-tests-commissioner-says-1.1318150. 2022년 6월 23일 접속

_____. *At least 3,000 died in residential schools,* reserach shows. Feb 18, 2013. https://www.cbc.ca/news/canada/at-least-3-000-died-in-residential-schools-research-shows-1.1310894#:~:text=For%20decades%20starting%20in%20about,%22Dormitories%20were%20incubation%20wards.%22 2022년 6월 23일 접속

Department of Justice. *Overrepresentation of Indigenous People in the Canadian Criminal Justice System: Causes and Responses*. https://www.justice.gc.ca/eng/rp-pr/jr/oip-cjs/p3.html 2022년 6월 23일 접속

Dickson, Courtney & Watson, Bridgette. *Remains of 215 children found buried at former B.C. residential school, First Nation says.* CBC News, May 27, 2021. https://www.cbc.ca/news/canada/british-columbia/tk-eml%C3%BApste-secw%C3%A9pemc-215-children-former-kamloops-indian-residential-school-1.6043778 2022년 6월 23일 접속

Encyclopedia Britannica. *Indigenous peoples.* https://www.britannica.com/place/Canada/Indigenous-peoples 2022년 6월 23일 접속

Erin Hanson. *Oral Traditions.* Indigenous Foundations. https://indigenousfoundations.arts.ubc.ca/oral_traditions/. 2022년 6월 23일 접속

Fraser Institute. *Facts about Aboriginal funding in Canada.* https://www.fraserinstitute.org/article/facts-about-aboriginal-funding-canada 2022년 6월 23일 접속

Giroux, R., et al. *Mental health and suicide in Indigenous communities in Canada.* Centre for Suicide Prevention https://www.suicideinfo.ca/resource/mental-health-and-suicide-in-indigenous-communities-in-canada/#:~:text=Despite%20representing%20a%20fraction%20of,11%20times%20the%20national%20average. 2022년 6월 23일 접속

Greig, Kelly. *Land dispute at heart of Oka Crisis still not resolved 30 years later.* CTV News, July 7, 2020. https://montreal.ctvnews.ca/land-dispute-at-heart-of-oka-crisis-still-not-resolved-30-years-later-1.5013923 2022년 6월 23일 접속

Government of Canada. *Indigenous contributions to the War of 1812.* https://www.rcaanc-cirnac.gc.ca/eng/1338906261900/1607905474266 2022년 6월 23일 접속

_____. *250th Anniversary of the Royal Proclamation of 1763.* https://www.rcaanc-cirnac.gc.ca/eng/1370355181092/1607905122267 2022년 6월 23일 접속

_____. *The Chief Public Health Officer's Report on the State of Public Health in Canada 2013 – Sexually transmitted infections – A continued public health concern.* https://www.canada.ca/en/public-health/corporate/publications/chief-public-health-officer-reports-state-public-health-canada/chief-public-health-officer-report-on-state-public-health-canada-2013-infectious-disease-never-ending-threat/sexually-transmitted-infections-a-continued-public-health-concern.html 2022년 6월 23일 접속

_____. *Indigenous Bursaries Search Tool.* https://www.sac-isc.gc.ca/eng/1351185180120/1351685455328 2022년 6월 23일 접속

Hoefnagels, Anna. *Powwows in Canada*. The Canadian Encyclopedia, 2016. https://thecanadianencyclopedia.ca/en/article/powwows-editorial 2022년 6월 23일 접속

Homeless hub. *Indigenous Peoples.* https://www.homelesshub.ca/solutions/priority-populations/indigenous-peoples. 2022년 6월 23일 접속

Huang, Alice. *Totem Poles.* Indigenous Foundations. https://indigenousfoundations.arts.ubc.ca/totem_poles/. 2022년 6월 23일 접속

Indigenous foundations. *Terminology.* https://indigenousfoundations.arts.ubc.ca/terminology/. 2022년 6월 23일 접속

Karrmen Crey. *Bands.* Indigenous Foundations. https://indigenousfoundations.arts.ubc.ca/bands/ 2022년 6월 23일 접속

Lupick, Travis. *B.C. prisons are filled with hugely disproportionate numbers of Indigenous inmates, Stats Canada finds.* straight, June 25, 2018. https://www.straight.com/news/1094481/bc-prisons-are-filled-hugely-disproportionate-numbers-indigenous-inmates-stats-canada 2022년 6월 23일 접속

Marks, Don. *What's in a name: Indian, Native, Aboriginal or Indigenous?.* CBC News, Oct 02, 2014. https://www.cbc.ca/news/canada/manitoba/what-s-in-a-name-indian-native-aboriginal-or-indigenous-1.2784518.

2022년 6월 23일 접속

Marley, Karin. *Majority of indigenous Canadians remain Christians despite residential schools*. CBC Radio, Apr 01, 2016. https://www.cbc.ca/radio/the-current/the-current-for-april-1-2016-1.3516122/majority-of-indigenous-canadians-remain-christians-despite-residential-schools-1.3516132 2022년 6월 23일 접속

McCue, Harvey A. *Indian*. The Canadian Encyclopedia. https://www.thecanadianencyclopedia.ca/en/article/indian-term. 2022년 6월 23일 접속

McGhee, Robert. *Prehistory*. The Canadian Encyclopedia. https://www.thecanadianencyclopedia.ca/en/article/prehistory 2022년 6월 23일 접속

Milke, Mark. *Increasing number of Aboriginals choose not to live on reserves*, Fraser Institute. https://www.fraserinstitute.org/article/increasing-number-aboriginals-choose-not-live-reserves 2022년 6월 23일 접속

Miller, J.R. *Residential Schools in Canada*, The Canadian Encyclopedia. https://www.thecanadianencyclopedia.ca/en/article/residential-schools. 2022년 6월 23일 접속

Monk, Lenard. *Fisher River Cree Nation gives students free laptops and internet access for online learning*. CBC News, Nov 19, 2020. https://www.cbc.ca/news/indigenous/fisher-river-laptop-online-learning-1.5807465. 2022년 6월 23일 접속

Morin, Brandi. *The Pope Apologiesed for residential school abuses. what next?*. Aljazeera, Apr 6, 2022. https://www.aljazeera.com/news/2022/4/6/canada-the-pope-apologised-for-residential-school-abuses-what-next#:~:text=Canada%20%E2%80%93%20Less%20than%20a%20week,attend%20across%20Canada%20for%20decades. 2022년 6월 23일 접속

Murphy, Rose. *Advocates call for action to protect Indigenous women from sexual exploitation, trafficking*. CBC News, Mar 08, 2022. https://www.cbc.ca/

news/canada/nova-scotia/indigenous-women-trafficking-sexual-exploitation-1.6373597 2022년 6월 23일 접속

Northern Canada Evangelical Mission. *Our History*. https://ncem.ca/about-us/our-history/ 2022년 6월 23일 접속

North America Indigenous Mission. *History*. https://www.naim.ca/about/history/ 2022년 6월 23일 접속

Porter, Jody. *Cancer cured by medicine man, First Nations man says*. CBC News, December 2, 2014. https://www.cbc.ca/news/canada/thunder-bay/cancer-cured-by-medicine-man-first-nations-man-says-1.2852376 2022년 6월 23일 접속

Red River North Heritage. *First Nations and Métis People of Red River Settlement (pre and post Confederation)*. https://redrivernorthheritage.com/first-nations-and-metis-people-of-red-river-settlement/. 2022년 6월 23일 접속

Raghavan, Maanasa, et al. *Upper Palaeolithic Siberian genome reveals dual ancestry of Native Americans*. nature, November 20, 2013. https://www.nature.com/articles/nature12736 2022년 6월 23일 접속

Shrumm, Regan. Cowichan Sweater. The Canadian Encyclopedia. https://www.thecanadianencyclopedia.ca/en/article/cowichan-sweater. 2022년 6월 23일 접속

Simpson, Michael John. *Powwow Dances*. The Canadian Encyclopedia, 2016. https://www.thecanadianencyclopedia.ca/en/article/powwow-dances. 2022년 6월 23일 접속

Smith, Derek G. *Religion and Spirituality of Indigenous Peoples in Canada*. The Canadian Encyclopedia, https://www.thecanadianencyclopedia.ca/en/article/religion-of-aboriginal-people. 2022년 6월 23일 접속

Statics Canada. *Women in Canada: A Gender-based Statistical Report*. https://

www150.statcan.gc.ca/n1/pub/89-503-x/2010001/article/11442-eng. htm. 2022년 6월 23일 접속

_____ . *Aboriginal Peoples: Fact Sheets.* https://www150.statcan.gc.ca/n1/pub/89-656-x/89-656-x2016011-eng.htm 2022년 6월 23일 접속

Sutton, Tara. *Canada has lost its halo: we must confront our Indigenous genocide.* The Guardian, Tue 29 Jun 2021, https://www.theguardian.com/global-development/commentisfree/2021/jun/29/canada-has-lost-its-halo-we-must-confront-our-indigenous-genocide 2022년 6월 23일 접속

Tasker, John Paul. *Confusion reigns over number of missing, murdered indigenous women.* CBC News, Feb 16, 2016. https://www.cbc.ca/news/politics/mmiw-4000-hajdu-1.3450237 2022년 6월 23일 접속

The Presbyterian Church in Canada. *Healing & Reconciliation.* https://presbyterian.ca/healing/ 2022년 6월 23일 접속

The Economist. *What happened at residential schools for indigenous children in North America?.* July 26, 2021. https://www.economist.com/the-economist-explains/2021/07/26/what-happened-at-residential-schools-for-indigenous-children-in-north-america 2022년 6월 23일 접속

Trovato, Frank & Aylsworth, Laura. *Demography of Indigenous Peoples in Canada.* The Canadian Encyclopedia, https://www.thecanadianencyclopedia.ca/en/article/aboriginal-people-demography. 2022년 6월 23일 접속

USA Government. *Federally Recognized Indian Tribes and Resources for Native Americans.* https://www.usa.gov/tribes#:~:text=The%20U.S.%20government%20officially%20recognizes,contracts%2C%20grants%2C%20or%20compacts. 2022년 6월 23일 접속

Vancouver Island Economic Alliance. *Vancouver Island Map of First Nations.* https://viea.ca/business-living-on-vancouver-island/first-nations/ 2022년 6월 23일 접속

Wright, Eric. *Indian Shaker Church*. the Canadian Encyclopedia. https://www.thecanadianencyclopedia.ca/en/article/shaker-religion 2022년 6월 23일 접속

Wycliffe. *Cree Initiative Americas*. https://www.wycliffe.ca/project/cree/. 2022년 6월 23일 접속

캐나다 원주민 선교포럼. https://korean4nations.com/%ED%9B%84%EC%9B%90%EC%95%88%EB%82%B4/ 2022년 6월 23일 접속

백신종. "단기 선교의 이해와 실제". IGMAN Radio, Aug 6, 2015. https://www.gmanradio.org/2015/08/06/%EB%8B%A8%EA%B8%B0%EC%84%A0%EA%B5%90%EC%9D%98-%EC%9D%B4%ED%95%B4%EC%99%80-%EC%8B%A4%EC%A0%9C-%EB%B0%B1%EC%8B%A0%EC%A2%85%EC%84%A0%EA%B5%90%EC%82%AC/ 2022년 6월 23일 접속

서관옥. "단기 선교의 필요와 유익". 크리스천투데이, 2001.07.28. https://www.christiantoday.co.kr/news/149461 2022년 6월 23일 접속

제후 헨슬스. "단기 선교는 선교가 아니다". *NEWS M*, 2009.06.16. http://www.newsm.com/news/articleView.html?idxno=1376 2022년 6월 23일 접속

CTV 기독교 TV. 영화 〈뷰티풀 차일드〉. http://www.cts.tv/news/view?ncate=THMNWS06&dpid=162874 2022년 6월 23일 접속